A Dorling Kindersley Book
www.dk.com

TOP 10 全球魅力城市旅游丛书

多伦多

（加）罗琳·约翰逊　（加）芭芭拉·霍普金森　著

周春红　尹红蕾　孙丽冰　译

旅游教育出版社　时尚 TRENDS

·北京·

湖心岛风光

椰莱镇的维多利亚小屋

DK
A Dorling Kindersley Book
www.dk.com

Original Title: TOP 10: TORONTO
Copyright©2005, 2009 Dorling Kindersley Limited, London

TOP 10 全球魅力城市旅游丛书
多伦多

(加)罗琳·约翰逊 (加)芭芭拉·霍普金森 著

周春红 尹红蕾 孙丽冰 译

策划编辑:李荣强
责任编辑:李荣强

项目策划:北京时尚博闻图书有限公司

出版单位:旅游教育出版社
地址:北京市朝阳区定福庄南里1号
邮编:100024
发行电话:(010)65778403 65728372
65767462(传真)
本社网址:www.tepcb.com
E-mail: tepfx@163.com
印刷单位:中华商务联合印刷有限公司
经销单位:新华书店
开本:648mm×800mm 1/32
印张:3.8125
字数:200千字
版次:2010年1月第1版
印次:2010年1月第1次印刷
印数:10000册
定价:22.00元

(图书如有装订差错请与发行部联系)

北京市版权局著作权合同登记图字:01-2009-5583

图书在版编目(CIP)数据

多伦多 /(加)约翰逊,(加)霍普金森著;周春红,尹红蕾,孙丽冰译.
—北京:旅游教育出版社,2010.1
(TOP 10 全球魅力城市旅游丛书)
ISBN 978-7-5637-1880-1

Ⅰ.多… Ⅱ.①约… ②霍… ③周… ④尹… ⑤孙… Ⅲ.旅游指南—多伦多 Ⅳ.K971.19

中国版本图书馆CIP数据核字(2009)第181317号

封面封底图片:Front-ALAMY IMAGES: Cylla Von Tiedemann bl; GETTY IMAGES: Chris Thomaidis main. Spine-DK IMAGES Francesca Yorke b. Back-Zefa Visual Media: Masterfile/Brian Sytnyk tr;
DK IMAGES: Peter Wilson tc; Francesca Yorke tl;

目录

多伦多十佳

多伦多重点游	6
安省皇家博物馆	8
加拿大国家电视塔	12
湖心岛	14
安省美术馆	16
卡萨罗玛城堡	18
古酿酒厂区	20
安省游乐宫	22
伊顿购物中心	24
冰球名人堂	26
尼亚加拉大瀑布	28
十大博物馆和美术馆	34
十佳建筑胜景	36
十佳街区	38
十佳绿地	40
十佳户外活动	42

安省游乐宫电影空间

灰桥湾救生站

十佳娱乐场所	44	**资讯一点通**	
十佳家庭活动	46	实用信息	106
十佳儿童景点	48	住宿信息	113
十大同性恋聚会点	50		
十佳餐馆	52	**致谢**	120
十佳早午餐餐馆	54		
十佳酒吧和俱乐部	56		
十佳购物胜地	58		

分区逍遥游

湖滨区与金融区	62
市中心	72
东部	82
大多伦多地区	90
多伦多周边	96

BCE大楼美术馆

加拿大国家展览馆王子门

多伦多十佳

多伦多重点游
6~7

安省皇家博物馆
8~11

加拿大国家电视塔
12~13

湖心岛
14~15

安省美术馆
16~17

卡萨罗玛城堡
18~19

古酿酒厂区
20~21

安省游乐宫
22~23

伊顿购物中心
24~25

冰球名人堂
26~27

尼亚加拉大瀑布
28~31

前十名排行榜
34~59

多伦多重点游

多伦多人有充分的理由对他们充满激情与魅力的大都市感到骄傲。作为加拿大最大的城市和金融中心,多伦多为人们提供了想要的一切,包括繁荣的剧院,美妙的音乐,神圣的艺术殿堂,顶级的博物馆,世界一流的餐馆、商店和美丽的湖泊。湖边有令人惬意的海滩和街道,安全的街道吸引着无数游客在街头漫步。90多个民族的大融合带来的文化多样性提升了她的城市体验。

安省皇家博物馆(Royal Ontario Museum)

是加拿大最大、拥有收藏品最多的博物馆。这里典藏了古代的木乃伊、装饰精美的各个时期的建筑模型、蔚为奇观的恐龙化石、种类繁多的鸟类标本、精美绝伦的中国艺术品和古希腊、罗马的雕塑。这些看点不容错过。

加拿大国家电视塔(CN Tower)

是世界上最高的通信塔,塔内装有多部高速电梯,把游客送到塔顶。在181层的塔顶,您可以欣赏到毕生难忘的美丽景色。(见12~13页)

湖心岛(Toronto Islands)

乘坐渡轮就可抵达。这组小群岛用她美丽的海滩、设施齐全的野炊地和游乐园为人们提供了一个夏日避暑的胜地。(见14~15页)

安省美术馆(Art Gallery of Ontario)

完好地收藏了加拿大所有的艺术品,包括当代画家迈克尔·斯诺(Michael Snow)的作品(下图)、因纽特人和法国印象派画家的艺术创作、摄影、印刷品、绘画和一栋19世纪名为格兰吉(The Grange)的房子的模型。(见16~17页)

卡萨罗玛城堡(Casa Loma)

是富有的金融家亨利·佩拿提爵士(Sir Henry Pellat)修建的。带有尖塔的古堡内有98间装饰华丽的房间和很多美丽的花园,彰显了19世纪末的奢华。(见18~19页)

6 古酿酒厂区（Distillery Historic District）

曾经是北美最大的酿酒厂，是多伦多最热门的旅游胜地之一。维多利亚时代的建筑和椭圆形石子铺就的街道，为许多不寻常的商店、画廊提供了令人难忘的背景。区内随处可见极好的餐馆和咖啡馆。（见20~21页）

安省游乐宫 7 （Ontario Place）

坐落于安大略湖畔，是一个充满欢乐的游乐场。众多的水上设施给孩子们带来了无穷无尽的欢乐。游乐宫内的IMAX立体影院和圆形音乐剧场吸引着各个年龄段的游客。（见22~23页）

8 伊顿购物中心（Eaton Centre）

非常出名的一个购物中心，以一家现在已经消失的连锁店命名。周围有知名的大酒店和迷人的旅游景点，地理位置非常优越。如果您在寻找一站式购物场所的话，那就非他莫属了。这个购物中心出售从电池到曲棍球杆的任何您想购买的东西。（见24~25页）

9 冰球名人堂（Hockey Hall of Fame）

几乎所有来多伦多旅游的冰球迷们都会去拜访冰球名人堂，观看那些诸如最早的斯坦利杯这样的怀旧纪念品，在录像上模拟守门员拦截对方的攻势，在衣帽间内随意玩耍，或者在直播区内观看一些冰球比赛的精彩进球片段。（见26~27页）

10 尼亚加拉大瀑布（Niagara Falls）

距多伦多仅两小时的车程。站在泰伯岩上，您可以观看到宏伟壮观的马蹄瀑布。就在那儿，尼亚加拉大瀑布从高空垂直而下。这里有很好的饮食和娱乐场所。游客们可以参观葡萄酒园、历史博物馆等。（见28~31页）

安省皇家博物馆

典藏着500多万件珍藏品的安省皇家博物馆是加拿大最大的博物馆。它建立于1912年，承担了展示人类文明和自然界的双重使命。它设有考古展览馆、科学展览馆、艺术展览馆和自然展览馆。馆里陈列了大量的中国宝物、装木乃伊的华丽箱子和永远都受大众喜爱的恐龙脊椎化石。可触式展览，吸引了众多孩子来观赏化石，并在显微镜下研究不同的动物标本。

博物馆正面图（左上图）

- 游客可以在低消费的户外咖啡厅随便吃点东西，也可以在室内餐馆享受一顿美食。

- 游客可在周五晚上参观安省皇家博物馆，在那儿看电影，听免费或半价的音乐会。

在精品店里，游客可以买到各种各样博物馆收藏品的精美复制品。

·安省皇家博物馆位于皇后园西径100号（Queen's Park Cres），但它的正门入口在布鲁西街（Bloor St W）的拐角处，皇后园的西边。
·地址：C3
·电话：416 586 8000
·网址：www.rom.on.ca
·开放时间：10am-5:30pm（周五开放到9:30pm）
·门票的价格随展览内容的不同而不同

十大特色

1. Djedmaatesankh木乃伊
2. 异特龙
3. 雅典卫城模型
4. 活蜂箱
5. 马赛克圆屋顶
6. 英国客厅
7. 中国明朝墓
8. 四根杉树柱
9. 中国卫狮
10. 阔叶树林

1 Djedmaatesankh木乃伊（Djedmaatesankh Mummy）

可追溯到公元前850年，用金叶装饰，雕刻着象形文字的古埃及石棺把一个宫廷音乐家的木乃伊尸体保护得完好无损。虽然博物馆的研究人员从未打开过这个石棺，高科技的造影扫描图已揭示她大概在35岁时死于严重的牙龈溃疡。

2 异特龙（Allosaurus Dinosaurs）

两只正抬着头，张着大嘴的凶恶的侏罗纪系食肉动物正向它们前方的猎物猛扑。猎物正是一只大骨片构成的剑龙。博物馆里展示的那些骨架是异特龙自身骨骼的轻量版。

3 雅典卫城模型

约公元前400年，雅典黄金时代的希腊寺院生活在这个模型里又复活了。雅典卫城模型重现了巴特农神殿和其周围的建筑，仿佛它们在朝着古希腊文明的巅峰遥望一样。

4 活蜂箱（Living Beehive）

这个活蜂箱是可触式生物多样性展览馆的特色。参观者们可以看到蜂箱的内部，里面有成千上万只从户外飞入蜂窝嗡嗡叫的蜜蜂。

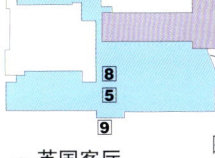

5 马赛克圆屋顶（Mosaic Dome）

一个非常壮观的马赛克圆屋顶矗立在那幢圆形建筑的上方。100多万个细小的方形彩色威尼斯玻璃形成了古代文化的象征，象征着诸如印加雷神和希腊神话里的河马。

6 英国客厅（English Parlor）

历史可以追溯到18世纪50年代，现在还保留着最初雕刻的松墙和仿古家具。室内的陈设看起来像一个贵族绅士与他的牌友们在片刻前刚离开的场景。虽然屋角的镀金竖琴是沉寂的，但是令人怀旧的巴洛克氛围音乐却完成了他要演奏的小乐曲。

7 中国明朝墓（Ming Tomb）

该墓由一只石骆驼，一名威猛的勇士和一位拄着节杖的大臣守卫着。这一套用来陪葬的雕塑体现了元朝、明朝手工艺品的特点。雕刻的神兽装饰着拱形的墓门。

8 四根杉树柱（Crest Poles）

是19世纪80年代由加拿大西北岸的尼斯加人和海达族人用西部的红杉木雕刻而成的，柱子最高达80英尺（24米）。柱子上雕刻着风格迥异的人物图案记载了人类家庭的起源和人类文明上的辉煌成就。

9 中国卫狮（Chinese Guardian Lions）

两只在17世纪为北京某宫殿雕刻的石狮骄傲地雄踞在博物馆门前。

10 阔叶树林（Hardwood Forest）

光线穿过一片安省阔叶树林的树叶，照在地上，映出斑驳的树影，树林非常寂静。这个立体模型（下图）再现了这片阔叶树林的美丽画面。如果细看，您能看到约20多种动物的身影，其中有一只豪猪和一只狐狸藏在彩色的秋叶下面。

博物馆指南

安省皇家博物馆为独特的水晶建筑。经历了大规模的扩建后面积增加了了5.6万平方英尺（5200平方米）。第一层包括来自韩国、中国和日本的珍藏品，同时有两个展馆展示了加拿大作为一个国家的发展史——包括加拿大原居民和加拿大人的遗留物。陈列着矿石、宝石、生物进化和恐龙的自然和历史展馆是第二层的中心。第三层以人类学和考古学珍藏品为特色，陈列了来自非洲、美洲、亚太地区、埃及和罗马的手工艺品，同时也展示了20世纪的艺术和设计。纺织品馆和现代文化展馆位于第四层。

在加拿大帝国商业银行的发现室内（第二层），年轻的参观者可以试穿盔甲，查看昆虫的种类和挖掘恐龙的骨头

原住民展览馆里的因纽特人的大衣　　　　　中国艺术收藏馆里的皇家头枕

十大典藏

1 恐龙（Dinosaurs）
备受欢迎的恐龙展览馆位于迈克尔·A.李秦水晶宫（Michael A. Lee-Chin Crystal）。李秦水晶宫收藏了约20具完整的恐龙骨骼化石。这些骨骼化石来自于海陆两种恐龙，其中包括被认为有8000万年历史的、世界上最完整的慈母龙和它所产的小恐龙骨骼。

2 可触式生物多样性展览馆（Hands-On Biodiversity）
成人和孩子们可以亲自触摸陈列在第三层的、充满幻想的、发现区的自然奇迹。参观者们可以触摸动物的颅骨、角和皮毛，佩戴一种特别的眼镜，通过各种动物的"眼睛"来看世界。

3 加拿大原住民（Canada's First Peoples）
加拿大原住民最好的手工艺品在安省皇家博物馆的一层珍藏着。这些国家珍宝包括一幅由因纽特人画的美洲驯鹿皮大衣图和加拿大画家保罗·凯恩（Paul Kane）（1810—1871）收藏的一个羽毛袋。保罗·凯恩在19世纪中期频繁地在土著人的居住地旅行。如果去博物馆参观，您绝不可错过因纽特人用过的木架蒙皮船，它大得能够容纳一个印度村庄。

4 古埃及（Ancient Egypt）
从日常的金耳环到精美的木乃伊盒子，1000多种手工艺品为探索古埃及增光添彩（第三层）。一堵源自现今位于索马里界附近的哈采普苏特陵庙（Temple of Queen Hatshepsut）石膏模型墙，为测试您解读象形文字的技巧，提供了机会。

5 冰川时期的哺乳动物（Ice-Age Mammals）
博物馆的三楼展示了随冰川时期的大冰冻而产生的哺乳动物。这场大冰冻在1万年前才结束。巨大的海狸、柱牙象、剑齿猫和河马只是展厅里众多令人叹为观止的物种当中的几个而已。

6 鸟儿（Birds）
数百种来自世界各地的鸟儿会聚成壮观的一群，从迈克尔·A.李秦水晶宫的天花板上飞来，在半途中停下。您会为信天翁长达9英尺（2.7米）的翼展而惊叹，会在小展厅里聆听悦耳的鸟鸣，您还可以拉开装有鸟巢、鸟骨头、鸟蛋和羽毛的抽屉。

7 装饰派艺术（Art Deco）
珍贵的法国和美国装饰派艺术家具、灯和雕塑让您不禁想起20世纪二三十年代颇具影响的设计运动。乌木、亮漆和象牙只是制作这些精美的手工艺品的几种材料。三层的装饰派艺术品收藏厅里随处可见装饰派艺术玻璃杯、瓷器和银器。

8 中国艺术（Chinese Art）
安省皇家博物馆拥有世界上最好的中国艺术收藏品，这些艺术品跨越了中国6000多年的历史（公元前4500年至公元1900年）。令人瞩目的收藏品有排列整齐的7世纪陵墓陶俑和庞大的12世纪至16世纪佛雕。

登录travelsdk.com分享游览感受

水晶宫（The Crystal）

十大建筑胜景
1. 圆形建筑
2. 四根杉木柱
3. 皇后公园正面
4. 彩色玻璃窗和皇后公园的入口
5. 安省皇家博物馆剧院
6. 玻璃房
7. 萨穆尔欧洲艺廊入口处的镶嵌地板
8. 楼梯间镶有铅框的窗户
9. 西侧正面的拱窗
10. 环绕建筑物的外檐

作为安省皇家博物馆扩建工程的新翼，迈克尔·A.李秦水晶宫（Michael A. Lee-Chin Crystal）是一座铝和玻璃面的建筑。它出自世界著名建筑师丹尼尔·里伯斯金（Daniel Libeskind）之手，以它的主要捐赠者迈克尔·A.李秦命名。壮观的中庭、银灰色的玻璃窗和过道上方突出的角都是它的设计亮点。这座相互交错、互相连接的水晶结构建筑是通往博物馆的新入口。水晶宫的内部基本上没有一个正角，有四层，还有两个非同寻常的展厅：十字形的桥梁穿过中部的精灵屋（The Spirit House），连接新的展馆；奇特的楼梯（The Stair of Wonders）上令人着迷的小陈列室里装有安省皇家博物馆珍藏品中的古董。

迈克尔·A.李秦水晶宫的左侧有一个富有历史意义的建筑

9 兵器和盔甲（Arms and Armor）

在展厅的第三层，展示了令人畏惧的300多件兵器。从15世纪欧洲的锁甲到第一次世界大战的自动武器，展厅里的兵器凸显了人类的冲突史。

10 希腊雕刻（Greek Sculpture）

迷人的石雕、铜雕和象牙雕刻使三层的雕刻系列成了北美最好的雕刻系列之一。这些可追溯到公元前325年希腊化时代的雕刻反映了当时希腊社会的发展。当时的希腊正处于亚历山大大帝的统治下，他的军队正顺势向埃及和印度进军。

加拿大国家电视塔

坐58秒钟的电梯就可以到达世界上最高的自支撑式建筑的第114层。这座通信塔于1976年建成,共181层,高1815.5英尺(553.5米)。从玻璃观光电梯里观赏到的引人入胜的风景为从Look Out观景台上观看更多迷人的景色创造了条件。天气好时,您能从观景台眺望加拿大和美国的边界。害怕钢结构建筑的游客可在1122英尺(342米)下方的玻璃地板上透视电梯外的美景。如果您想在离地面1465英尺(447米)高的地方观看多伦多全景,就可以乘电梯再上33层,到达世界上最高的人工观景台——"天空之盖"(Sky Pod)。

玻璃地板

十佳风景
1. 湖心岛
2. 伊顿购物中心
3. 多伦多音乐花园
4. 金融街
5. 城市森林
6. 罗伊·汤姆森厅
7. 联合车站
8. 市政大厅
9. 约克堡
10. 尼亚加拉大瀑布

- 您可以在观景台所在那层的地平线咖啡厅(Horizons Café)逗留一会儿,随便吃点东西,欣赏外面引人入胜的美景。或者在360度旋转餐厅(360° Restaurant)预订一个餐桌(订座电话:4163625411l),一边享受美食,一边欣赏在用餐时慢慢变化的风景。

- 您可以在那儿的市场上购买独一无二的纪念品和地道的加拿大手工艺品。您可以到Edge Arcade通过多媒体运动模拟游戏测试一下自己的运动技能,或到枫叶影院看场短片电影。

·加拿大国家电视塔地址:前西街(Front St W)301号
·地图:J5
·电话:416 868 6937
·网址:www.cntower.ca
·开放时间:周日至周四9am-10pm,周五、周六9am-10:30pm
12月25日不对外开放。
·参观的景点不同,门票的价格也随之不同。

湖心岛
1 是一组风光优美的群岛(上图)(见14~15页),是多伦多的避风港。为人们提供了一个无忧无虑、安静的乐园,从市中心坐很短的一段渡轮就可到达。岛上有自行车道、野餐区、木板道和一个游乐场。(见49页)

伊顿购物中心
2 当地人与游客们都喜欢光顾这里的数百家商店和小餐馆(见24~25页)。这里的拱形玻璃柱子是仿照19世纪米兰的维托里奥·艾曼纽二世拱廊(Galleria Vittorio Emanuele)建成的。

多伦多音乐花园
3 这个音乐花园从上面看起来尤其漂亮,它的设计灵感是来自巴洛克音乐作曲家J.S.巴赫(J. S. Bach)的音乐。花园里迂回曲折的小路和弯曲的植物看起来确似音乐的旋律(下图)。

→ 市政大厅广场的中心是和平花园(Peace Garden)。这个建筑的柱子里面被"毁坏了",象征着世界冲突

4 金融街

像多伦多道明中心（右图）（见63页）这样耸入云霄的高楼，象征着多伦多和加拿大的中心——金融街。当被风吹着挤在一块的上班族在峡谷似的大街上匆匆行走时，这个国家的主要银行、保险公司和证券经纪公司在那儿马不停蹄地运营着。

5 城市森林

从高处俯瞰可发现多伦多是个绿色城市。高大茂密的树木林立街上，沿着峡谷似的街道延伸。

6 罗伊·汤姆森厅

这个具有太空时代设计风格的音乐厅位于剧院区的中心，以独具特色的玻璃雨篷为特点。（见44页）

7 联合车站

联合车站是当年客运铁路同时还是加拿大的主要交通方式时的遗留物。自从1927年投入运营以来，这个火车站的庄严与往日相比毫不逊色，现在仍然充当了通往这座城市的令人印象深刻的通道。（见66页）

9 约克堡

建于1793年，是1813年约克之战的战场，堡内的堡垒被毁后又得到了重建。约克堡（右图）保留了自1812年战争以来加拿大最好的建筑。八栋原始建筑矗立在这块三角形的土地上，有碉堡、兵营和军官住处。许多其他建筑在20世纪50年代被拆毁了。（见64页）

8 市政大厅

自1965年向人们开放以来，这栋弯曲的双塔建筑在保守的多伦多引起了争议。自那时起，它就成了深受众人喜爱的现代城市建筑的代表。（见36页）

建筑功绩

世界七大奇迹之一的加拿大国家电视塔（CN Tower）被认为是20世纪工程界无与伦比的建筑伟绩。修建这座电视塔时，1537名工人昼夜不停地鏖战了40个月，才使其完工。他们用水泥铺就了从多伦多到金斯顿的长达160英里（260公里）的人行道。为了使高达335英尺（102米）的由44个部分组成的天线能安放到合适的位置，他们动用了一架重10吨的俄罗斯西科斯基直升机。

10 尼亚加拉大瀑布

如果遇上好天气，您也许能看到位于尼亚加拉大瀑布（见28~29页）东南方80英里（130公里）处升起的薄雾。沿着安大略湖边陡地上的柔和曲线向人们揭示了为什么从多伦多延伸到尼亚加拉的区域被称为黄金马蹄区（the Golden Horseshoe）。

湖心岛

湖心岛（Toronto Islands）最初是一个圆弧形半岛。在1858年的一场大风暴中，顿河（Don River）中奔腾的急流使湖心岛与大陆分离了。这个城市群岛拥有十几个小岛和中型岛屿，其中的一些岛屿是由桥来连接的，其他的只能坐船才能到达。有创意的人们都爱在这个热闹的岛区居住，并把沃兹岛（Ward's Island）和阿尔冈京岛（Algonquin Island）称为自己的家。中央岛（Centre Island）因她的游乐场而成了旅游热点。岛上不允许停车，这使得小岛更具幽静魅力。如果步行游览湖心岛的话，您可以选择两种饱览岛屿风光的方式：一是您可以租一艘船，自己划船穿过这个广阔的潟湖体系；二是您也可以租一辆自行车，骑车去一个幽静的野餐点。在湖心岛上游玩时，您很容易忘记自己正在加拿大最繁忙的港口之一的旁边。

沃兹岛上的小屋

- 无数家快餐店和小吃店确保您在岛上游玩时绝对不会饿着肚子。您也可以带上自己准备好的野餐。

- 渡轮在海湾街尽头的终点站起航；开往中央岛的渡轮只夏季才运营；开往沃兹岛和翰兰角的渡轮常年运营。

搭乘渡轮只需10分钟就可到达湖心岛（往返6.5加元）。除了在周末渡轮非常繁忙的时候，开往中央岛的渡轮上不允许搭载自行车，其他时候，您可以把自行车也带上渡轮。

租船电话：416 397 2628

自行车出租电话：
416 203 0009

· 地图：B6-E6
· 渡轮时刻表查询电话：416 392 8193
· 电话：(02) 623 5500

十大特色

1. 渡轮
2. 木板道
3. 沃兹岛
4. 吉布拉特角灯塔
5. 森特维尔游乐园
6. 不嫌多农庄
7. 阿尔冈京岛
8. 翰兰角
9. 教区长之宅餐馆
10. 骑自行车旅游

1 渡轮（Ferry）

当渡轮稳稳地顺着湖心岛的湖水突突地航行时，您可以在20世纪50年代的渡轮上欣赏多伦多华灯初上时最美丽的风景之一。有些船队中渡轮的历史可以追溯到20世纪30年代。

2 木板道（Boardwalk）

1.5英里的木板道从沃兹岛延伸到中央岛，走在木板道上在湖边漫步，非常惬意！

3 沃兹岛（Ward's Island）

19世纪80年代，沃兹岛只是一个很小的帐篷搭建的村落，而现在却有700多人居住在这里。您可以在岛上的人行道上漫步，惊叹那些依照小屋主人的品位来装修的小屋。如果在较温暖的月份里站在相邻的阿尔冈京岛上观看沃兹岛，您会看到，岛上的花园鲜花盛开，争奇斗艳。

想了解更多有关湖心岛上渡轮的信息，请参见108页

4 吉布拉特角灯塔（Gibraltar Point Lighthouse）

这个多伦多最古老的灯塔（左图），自19世纪早期以来，一直承担着航运灯塔的作用。这个有历史意义的石灰岩陆标，谣传被它的首位看守人的鬼魂萦绕。那个看护人在1815年突然无影无踪地消失了。

5 森特维尔游乐园（Centreville Amusement Park）

这个位于中央岛的游乐园拥有30多种游乐设施，包括天鹅游艇（上图）和一个19世纪90年代的彩色旋转木马（见49页）。

6 不嫌多农庄（Far Enough Farm）

孩子们将喜欢在这个小爱畜动物园里给小羊羔、山羊、母牛、鹅、猪和其他农畜喂食，并抚摸它们。

7 阿尔冈京岛（Algonquin Island）

奇特而又多姿多彩的花园把岛上居民的创意表现得淋漓尽致。阿尔冈京岛上喜欢种花的园艺爱好者们常常很乐意与游人分享他们的种花技巧。

9 教区长之宅餐馆（The Rectory）

这个温馨的餐馆起到了沃兹岛非正式社交中心的作用。这里的主莱汤、色拉和三明治既保健又丰盛，甜点也非常可口。

8 翰兰角（Hanlan's Point）

翰兰角上的两个沙滩颇具吸引力。其中的一个沙滩在1999年恢复了它的天体浴场地位，这是它在1894年首次开放时就享有的。（见51页）

加拿大的康尼岛（Canada's Coney Island）

翰兰角的鼎盛时期始于19世纪80年代。当时城市的居民都要聚集到岛上的歌舞剧院、舞厅、旅馆和游乐园来。20年后的1914年9月5日，当伟大的棒球运动员贝布·路斯（Babe Ruth）在翰兰角的新体育馆打出了他第一次专业的本垒打时，数千名球迷为他欢呼喝彩。然而到1937年时，为了给多伦多中央岛机场让位，这个日趋萧条的度假胜地被拆毁了。

10 骑自行车旅游（Bicycling）

环游湖心岛的最佳方式是沿着4英里（6.5公里）的湖滨步道骑自行车前行。游客可在岛上租一辆单人或双人自行车，或四轮自行车。

安省美术馆

安省美术馆（Art Gallery of Ontario）建立于1900年，现已成为北美最著名的美术馆之一，珍藏了4万多件艺术品。杰出的加拿大艺术品，尤其是七人画派（Group of Seven）的绘画，是加拿大的国宝。除了亨利·莫尔（Henry Moore）的石膏、铜雕塑和其他艺术品外，美术馆里还展览了大量欧洲艺术家——从托列托（Tintoretto）和弗兰斯·哈尔斯（Frans Hals）到文森特·凡·高（Vincent van Gogh）和帕布罗·毕加索（Pablo Picasso）——的杰作。一项由建筑师弗兰克·哥哈利（Frank Gehry）设计的宏伟工程已在2008年11月竣工。该工程包括一间免费对公众开放的画廊，螺旋形的设计，入口即在街边。

格兰吉

安省美术馆附近有咖啡厅。消费较低，同时可提供家庭套餐。也有餐馆，游客可以品尝到地道的加拿大美食。

游客可以浏览那儿的古玩店（Gallery Shop），寻找自己喜欢的特色礼物、美术馆珍藏品的复制品、海报、书和手工制作的珠宝。

游客可以加入为深入了解美术馆的收藏品和展览而设置的免费游，拨打热线电话416 979 6649，咨询旅游内容，了解活动安排。

· 美术馆地址：登打士西街（Dundas St W）317号
· 地图：J3
· 电话：416 979 6648
· 网址：www.ago.net
· 开放时间：周三至周五10:00am-8:30pm，周六、周日、周二10am-5:30pm。
· 入场券：成人18加元，学生、青少年10加元，老人15加元，家庭套票45加元。5岁以下儿童免费。

十大收藏品

1. 格兰吉
2. 亨利·莫尔
3. 七人画派
4. 法国印象派画家
5. 20世纪加拿大人的绘画
6. 现代派画家
7. 汤姆森艺术品展览
8. 印刷品和绘画
9. 摄影
10. 因纽特人艺术

1 格兰吉（The Grange）

这个乔治王时代的豪宅是安省美术馆的第一个家。恢复了1834—1840年间的模样后，格兰吉呈现19世纪中期多伦多特权阶层的生活品位，于2008年重新向游客开放。

2 亨利·莫尔（Henry Moore）

英国美术家亨利·莫尔（1898—1986）收藏的艺术名品是世界最多的公众珍藏品，包括铜雕塑、石膏和铜模型、绘画及印刷品。他雕刻的庞大的Large Two Forms 雕像（右图）在户外沉思，雕像的表层因崇拜者的无数摩擦而变平滑了。

3 七人画派（Group of Seven）

加拿大山水画的代表画家。为了给加拿大创造一种民族艺术认同感，他们在20世纪20年代勇敢地奋斗着。最有特色的是亚历山大·扬·杰克逊（A.Y.Jackson）（中图）、劳伦·哈里斯（Lawren Harris）和汤姆·汤姆森（Tom Thomson）的签名作。

 每周三都有免费的参观美术馆的一般入场券发放，开放时间为6am-8:30pm；参观馆内的某些展览须交入场费

④ 法国印象派画家
克劳德·莫奈、卡米耶·毕沙罗和皮埃尔·奥古斯丁·雷诺阿的杰作为这个罕见的展览增添了光辉。他们的作品只是美术馆内收藏的19世纪艺术家作品中的几件而已。

⑤ 20世纪加拿大人的绘画
贝蒂·古德温（Betty Goodwin）、琼安·托德（Joanne Tod）和伊丽莎白·玛歌（Elizabeth Magor）的主要作品向人们展示了当代加拿大艺术家的艺术力量和艺术多样性。

⑥ 现代派画家
抽象表现派艺术、波普艺术、极简抽象艺术和概念艺术的作品诠释了20世纪末北美和欧洲艺术的发展。

⑦ 汤姆森艺术品展览（Thomson Collection）
这2000件美术作品为安省美术馆的收藏量增添了不同凡响的深度。这些作品的画家有：汤姆·汤姆森（Tom Thomson）和七人画派，19世纪画家科尔内留斯·克里格霍夫（Cornelius Krieghoff）和保罗·凯恩（Paul Kane），20世纪激进的抽象表现主义画家保罗·埃米尔（Paul-Emile）和吉恩-保罗·里奥佩列（Jean-Paul Riopelle）。

⑧ 印刷品和绘画
展示了从15世纪到21世纪的作品，包括意大利、荷兰、德国、法国和英国的艺术珍品。德国蚀刻师阿尔布雷特·丢勒（Albrecht Dürer）的杰作《亚当与夏娃》（下图）是这个展览中最引人注目的作品。加拿大艺术家的作品在展览中也占有举足轻重的地位，游客可在Marvin Gelber 研究中心观看作品精选。

格兰吉
这幢优雅的乔治王时代豪宅是这个城市保存的最古老的砖房。它建于1817年，当时的多伦多还只是上加拿大（Upper Canada）泥泞约克（Muddy York）的一个小镇。格兰吉的主人小达西·博尔顿（D'Arcy Boulton Jr.）和他的妻子沙拉·安妮（Sarah Anne）是当时上流社会的达官显贵。他们的大家园与英国的乡村庄园很相似，有10名仆从，是当时城镇社会生活的中心。豪宅的第一、二层摆放了古色古香的家具，包括一架钢琴、一张小矮桌和一张雪橇床。从19世纪的砖砌烤炉里散发的烤面包清香，穿过地下厨房，在空中飘荡。格兰吉于2008年重新向游人开放。

⑨ 摄影
展示了林奈·崔普（Linnaeus Tripe）有历史意义的卡罗式摄影法、20世纪现代主义摄影师约瑟夫·休德克（Josef Sudek）的作品和30年代新闻界的摄影作品。同时，这个展厅里还随处可见国际摄影师的作品。

⑩ 因纽特人艺术（Inuit Art）
这个极好的展厅是在第二次世界大战后建立的，它展示的作品有雕塑、印刷品和用本土原料制作的壁挂。

附近有收费的地下停车场，就在麦克考街（McCaul Street）上的格兰吉村（Village by the Grange）旁，位于登打士街南边

卡萨罗玛城堡

于1914年竣工，它惊人的造价竟高达350万加元。城堡隐约出现在一座小山上，俯视整个城区。这个城堡出自多伦多著名的建筑师E.J.雷依（E.J. Lennox）之手（见36页）。卡萨罗玛城堡，西班牙语意为"小山上的房子"，是杰出的金融家和工业家亨利·佩拿提爵士（Sir Henry Pellatt）的财产。卡萨罗玛城堡建成后不到10年，他因破产而放弃了他那98间房的梦想家园。

卡萨罗玛城堡正面详图

十大特色

1. 隧道
2. 大厅
3. 橡木房间
4. 亨利·佩拿提爵士的书房
5. 亨利·佩拿提爵士的浴室
6. 温室花房
7. 塔楼
8. 花园
9. 图书馆
10. 圆形房间

● 在地下一层有名为A Druxy's Famous Deli 的熟食店，那儿的熏肉和三明治很有名。

● 游客还可免费租用导游讲解耳机，自己在城堡内漫游，有八种讲解语言可供选择。

彩色的花园小区每年5月到10月开放，7、8月下午两点有花园一日游。

有收费的停车场。

· 卡萨罗玛城堡地址：奥斯汀街（Austin Terrace1）1号
· 地图：C2
· 电话：416 923 1171
· 网址：www.casaloma.org
· 9：30am–5pm（最晚的开放时间为4pm）开放，每年的12月25日和1月1日不开放。
· 入场券：成人16加元，老人10加元，学生4岁至13岁的儿童8.75加元。

1 隧道（Tunnel）

这条幽深的地下隧道离地面18英尺（5.5米），长800英尺（240米），是连接城堡的马车房和马厩的通道。在那儿，亨利·佩拿提爵士的马匹被很好地饲养着：为了防止马儿滑倒，用柚木做的马厩和用西班牙瓦镶的地板以青鱼骨的形式排列。

2 大厅（Great Hall）

这个宏伟的门厅（下图）高达60英尺（18米）的天花板确立了这个城堡的壮丽基调。滴水嘴从房柱上朝访客们咧嘴而笑。游客可租用导游讲解耳机。

3 橡木房间（Oak Room）

工匠们花了3年来雕刻这间庄严的客厅墙上华丽的法国橡木镶板。天花板上奢华的石膏像掩饰了房间的间接照明——这是间接照明在加拿大家庭的首次使用。

4 亨利·佩拿提爵士的书房（Sir Henry's Study）

壁炉旁边的木墙板隐藏了两条密道。往右的那条是亨利爵士去往酒窖和他那巨大的陈酒收藏室的快速通道。沿着往左的通道向前爬，您将到达第二层亨利爵士的套房附近。

5 亨利·佩拿提爵士的浴室（Sir Henry's Bathroom）

为了满足亨利爵士对享乐主义舒适感的追求，淋浴器设计了6个大水龙头，可控制三层水管，这样从侧面和上面喷洒的水花就可以完全包围整个身体。浴室的墙面是用意大利进口的卡拉拉大理石做的。

在traveldk.com网站上注册，即可通过电子邮件获取相关新闻

6 温室花房（Conservatory）
华丽的铜和玻璃门，每扇门造价高达1万加元，是仿照一套意大利别墅的门制作的。来自意大利精致的彩色玻璃天花板圆屋顶，最初由600个灯泡实行背光照明，因而它可以在晚上发光（左图）。温室花房下面有一个未完工的游泳池。

7 塔楼（Towers）
不怕高的游客可以在塔楼上欣赏到十分迷人的景色。东塔（上图）是根据苏格兰城堡的样式来设计的。游客可爬到塔顶，从塔的最高点眺望整个城堡。西塔是诺曼式建筑，游客可在塔上欣赏这个城市激动人心的美景。

8 花园（Gardens）
雕塑和喷泉在树木茂密的花园（左图）中间穿插。生长期时花园里娇艳的鲜花遍地盛开，使花园的魅力大增。从整齐的玫瑰花圃到春天里盛开的芬芳的野花，花园里共有八个主题区。千万别错过重修的盆栽花房（Potting Shed），那儿的照片展览记录了花园最初的样子。

9 图书馆（Library）
图书馆里长条状的灯光和有人字形图案的橡木地板上深色的木头，从房间的每一端制造了不同阴影的视觉错觉。半身像和家族盾形徽章是精美的石膏天花板的装饰特色。

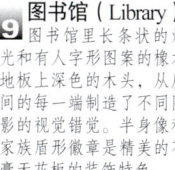

10 圆形房间（Round Room）
为了和弯曲的墙壁一致，圆形房间的门和窗户也被定做成弯弓状，房间（上图）用了当时的家具来装饰。亨利·佩拿提爵士（Sir Henry Pellatt）套间里装饰华丽的弯曲的路易十五（Louis VX）式椅子和屏风都饰有非常罕见的法式挂毯。

奢华领军人物

作为多伦多电灯公司的创始人，亨利·佩拿提爵士把电力带到了这个城市。因此不足为奇的是，他的家装在着力提高舒适度方面进行了大胆的创新，且创新的程度是任何其他加拿大家庭无法比拟的。房间里现代化的设备包括：由亨利爵士房间的控制板控制的电灯照明系统、中央吸尘系统、强制热风供暖和这个城市私人住宅里的第一台电梯。

古酿酒厂区

走在行人专用的鹅卵石街道上，路过北美保存最完好的维多利亚时期的工业建筑群，您会感觉自己仿佛无意中进入了另一个世界。这块13英亩（4公顷）场地上的44栋建筑曾经是世界上最大的酿酒厂，直到20世纪中期，它还是Gooderham and Worts 酿酒厂的一部分。这个酿酒厂是在1832年英国人James Worts和他的姐夫William Gooderham在这儿创办的一座酒坊的基础上改造而成的。现在，这个有150年历史的古酿酒厂区被注入了新的生命。那儿有热闹的咖啡馆、餐厅、画廊、艺术家的创作室、表演场地和特色商店。

酿酒厂厂牌

十大特色
1. 罐头食品厂
2. 纯酒精酿造楼
3. 油漆店
4. 锅炉房综合楼
5. 制桶工厂
6. 箱装货物仓库
7. 水泵房
8. 石头蒸馏室
9. 糖蜜储藏室
10. 酒精变性室

- 砖街面包坊（Brick Street Bakery）提供优质的百分百有机面包、肉馅、三明治和甜点。游客们可以把食物带走，也可以在那儿的野餐桌上用餐。

- 游客们可在马厩（The Stables）（三一街储罐室巷）（Trinity St at Tank House Lane）那儿的游客中心（Visitor Centre）逗留一会儿，买份地图了解当日的活动安排。

游客们可以雇导游陪同（15加元），租赛格威电动车（39加元，69加元），或在游客中心租一个导游讲解耳机，尽情享受古酿酒厂区之旅，也可以发邮件到：Info@distillerytours.ca 或 打电话垂询详细信息。

厂区会举办很多活动，比如爵士音乐节和舞蹈节（5月和8月）和户外艺术展。

- 地址：磨坊街55号（Mill St）
- 地图E5
- 电话：416 364 1177
- 网址：www.thedistillerydistrict.com

1 罐头食品厂（Cannery）
戏剧公司、歌剧公司和舞蹈表演公司都将总部设在这栋大楼里。这儿原来是工业酒精密封储存的地方。二层的最低点餐馆（Perigee Restaurant）从它的开放式厨房里为游客们端上可以试吃的饭菜。

2 纯酒精酿造楼（Pure Spirits Building）
大楼的正面有大型的窗户，自然光可透过窗口照射进来。窗户的设计是为了降低在煤气照明条件下生产酒精而引起火灾的危险。这栋建于1873年的建筑（上图）是几家画廊和影楼的最佳营业场所。

3 油漆店（Paint Shop）
当许多酿酒厂区的建筑里面仍然散发出淡淡的曾经储藏的谷物和酒精的味道时，作为磨坊街啤酒厂（Mill Street Brewery）的厂址，这栋建于1879年的建筑（上图）恢复了它每日的麦芽和啤酒花的清香。传统的手工精制啤酒包括：一种储藏啤酒和一种醇厚的咖啡黑啤酒。在酒吧里尝样酒时，游客们还可以检验那儿的美酒蒸馏设备。

4 锅炉房综合楼（Boiler House Complex）
19世纪60年代，这个锅炉房为整个酿酒厂供热。这里曾设有一间木工工作室、一间铁匠屋和一家餐厅。现已被改造成餐馆：一家是1832比萨意大利酒吧，夏天游客们可以在酒吧外面的露台上就餐；另一家是砖街面包坊。

当代顶级的加拿大艺术品是纯酒精酿造楼和石头蒸馏室里许多画廊的特色

古酿酒厂区平面图

制桶工场（Cooperage）

⑤ 生产用来装陈年威士忌的木桶。用蜡纸印的供工人参考的生产指示图还仍旧在墙上挂着。桑德拉·安斯利展览馆（Sandra Ainsley Gallery）展示了包括美国玻璃艺术家戴尔·奇胡利（Dale Chihuly）的巨大雕塑在内的玻璃艺术。

箱装货物仓库（Case Goods Warehouse）

⑥ 大多艺术组织和艺术家在酿酒厂建筑群里有自己的办公室、工作室和画室。箱装货物仓库曾经是一箱箱精美酒藏的地方（上图）。许多手工艺人在这儿的精品店里展示他们独特的作品，有刺绣品、珠宝和手工编织的衣服。

水泵房（Pump House）

⑦ 水泵可以从地下水库中抽水救火，其他的水泵是用来运送酒的。现在，水泵房成了环境优美的巴尔扎克咖啡馆（下图）的营业场所，每周一和周五，那儿都烘焙咖啡豆。

石头蒸馏室（Stone Distillery）

⑧ 是这个建筑群里最古老的建筑。它的外景仍旧保留了当时的特征，比如一辆当海岸线和轮船正好到达这栋建筑物之时就开始用的起货机。蒸馏室里有非常棒的画廊。

糖蜜储藏室（Molasses Storage）

⑨ 在这个储藏室里，除了别的商店外，高档的当代家具和居家用品店随处可见。糖蜜储藏室里有一个大水缸，以前用来储藏制造甜酒用的糖蜜。

酒精变性室（Denaturing Room）

⑩ 酿酒厂用来酿酒的机器星星点点地布满了整个酒精变性室；现在，那儿到处是手工精品店和特产店。

在古酿酒厂区拍摄的影视作品

Gooderham and Worts酿酒厂在1990年停止运营后，成了好莱坞之外最大的影视基地，开始焕发了新的活力。过去10多年里，包括《芝加哥》《X战警》和《飓风》在内的数百部电影都是在这里拍摄的。此外，还有电视连续剧，例如《尼基塔女郎》和《阿尔弗雷德·希区柯克短篇集》等都是在这儿拍摄的。古酿酒厂区是加拿大最繁忙的影视拍摄现场。

7月和8月的每个周日，古酿酒厂区的木板路上都会开办农场集市，游人可以尽情地参观

安省游乐宫

这个国际知名的文化、休闲和娱乐综合场所建造在沿安大略湖滨地区的三个人工岛上,由加拿大著名建筑师爱博·赛德勒(Eb Zeidler)设计,于1971年开始向游人开放。从乘坐装置到音乐会场地,公园内有许多家庭娱乐场所;酒吧和餐馆星星点点地布满了整个游乐宫。游乐宫极好地利用了它靠近湖边的优越地理位置,为游客们提供了极棒的水上运动。安省游乐宫有这个城市唯一的市区水上乐园,以巨大的滑水梯、激流勇进冲浪和幼儿专用的浅水池为特色。游乐宫从5月底至9月底开放。

十大娱乐场所

1. 电影空间
2. 百万迷宫
3. 水上城市乐园
4. 脚踏船
5. 恐怖地带
6. 自由降落
7. 迷你高尔夫球场
8. 野外冒险行
9. 莫尔森露天剧场
10. 儿童任意玩耍区

安省游乐宫的水中之乐

- 您可以随便走进一家小吃店,吃点海狸尾,那是一种撒了桂皮糖的油炸馅饼。

- 全套服务餐馆可提供室外就餐的地方,您可以在餐馆内欣赏到旖旎的湖光。您可以查看一下节目表,看看是否有免费的现场儿童娱乐表演。花30加元买一张"全天游通票",就可以体验几乎所有的刺激游乐项目和景点。莫尔森露天剧场的售票处在正门那儿,订票时间为:每日11am-8pm;到表演开始时结束。

1 电影空间
(Cinesphere)

这个有6层楼高的矩形银幕和2.4万瓦数字音响的IMAX立体电影院使得看电影成了一种令人激动的体验。为了达到最佳观看效果,您应该选择一排中靠中间的那个座位。这个剧院在一个三极形圆顶内,1971年建成之时,它是世界上第一个永久性IMAX立体电影院。

2 百万迷宫
(MegaMaze)

游客们可在206个多层的室内室外迷宫内导航。镜子、激光和音响效果使得您寻找出路更具挑战性。

3 水上城市乐园
(Soak City)

这个水上乐园以四个惊心动魄的滑水梯为特色。防水滑梯通过一个隧道,把乘客们迅速送入一个巨大的碗内,在进入水池之前,乘客们在那个大碗内旋转。激流救生艇漂流会把游客们从令人毛骨悚然的873英尺(266米)高的地方投入水里。没有达到年龄和身高限制的孩子们可在玩水池里享受全身湿透和撒泼的乐趣。

- 地址:湖滨大道西侧955号
- 电话:4163149900
- 网址:www.ontario-place.com
- 6月初至次年"五一",每日10am开放(关闭时间不定);5月开放两周,9月的第二周至第四周开放,时间为10am-6pm(周六和周日)
- 门票:11.75加元

想了解莫尔森露天剧场的音乐会节目单,请拨打音乐会热线416 260 5600,或者点击www.Molsonamo.com,在线查看

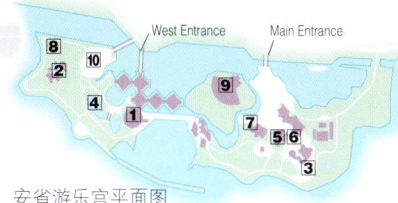

安省游乐宫平面图

4 脚踏船
可以在冒险岛（Adventure Island）上租一条脚踏船来探索那儿的许多潟湖和海湾。小孩可以在中心广场（Centre Plaza）试开迷你碰碰船（上图）。

5 恐怖地带（Thrill Zone）
三个恐怖地带地场提供了最新的相互交错的虚拟游乐硬件。用高山滑雪模拟器来挑战您自己，开动模拟器、数字示波器，加入世嘉越野冠军赛，或者在那儿尽情玩各种投币游戏机。

7 迷你高尔夫球场（Miniature Golf）
两个精心设计的九洞高尔夫球场建在风景秀丽的山坡上，是家庭娱乐的理想场所。

9 莫尔森露天剧场
在这个露天剧场举办的国际和加拿大本土的音乐会的阵容非常惊人。从摇滚乐、说唱音乐到乡村音乐、蓝调和爵士乐，各类音乐会都在这个大型的户外音乐表演场地举行。

10 儿童任意玩耍区
孩子们可以攀爬那里巨大的汲水站（H₂O Generation Station），通过OP驾驶学校的真实车道驾驶电车、躲同原子爆破站从独木舟和火山的任意方向射出（Atom Blaster）的1.2万个塑料泡沫球。（左图）幼儿区（Microkids）是只供幼儿玩乐的游乐场。

6 自由降落（Free Fall）
在玩急速冲浪时，您要坐稳和绷紧您的胃。能够容纳10人的平台先升到离地面20英尺（6米）的地方，然后再垂直下降。游客可享受2分钟惊险带来的乐趣。

8 野外冒险行（Wilderness Adventure Ride）
模拟了安省北部的风景为背景：秀丽的深谷、郁郁葱葱的森林和众多的野生物，这激流勇进冲浪场所是世界上最大的冲浪基地，以40英尺（10米）的水中降落为特色

IMAX立体影院

多伦多的IMAX立体影院公司是宽屏电影院系统的世界领先者。成立于1967年的这家公司不断发展电影技术，提高看电影时身临其境的幻觉感。这些技术包括三维立体投影，它可以模拟观众的动作，使观众与电影场景浑然一体。用70毫米电影胶片投射的影像比在普通电影院里看到的传统的35毫米电影胶片的影像要大10倍。每个IMAX立体电影胶片盘的重量是200磅到300磅（90公斤和135公斤）。电影院里有一个专用的散热系统，它从巨大的灯罩上抽水来防止对电影胶片的热破坏。世界上有130多家电影院采用了IMAX电影放映系统。

安省游乐宫在6月和7月会举行为期3天的年度烟花节，奢华的烟花表演还配有音乐

10 伊顿购物中心

伊顿购物中心是用加拿大零售业传奇人物蒂莫西·伊顿（Timothy Eaton）的名字来命名的。直到1999年这个购物中心宣布破产之前，它的邮购商品目录和百货商店都是备受消费者喜爱的全国知名购物渠道和场所。这个多层的购物中心是一个市区购物天堂：它巨大无比，生意繁忙，人声鼎沸，非常热闹。伊顿购物中心在1979年开业，并预计有望将萧条破烂的央街（Yonge St）和登打士街（Dundas St）转变成一个高消费的购物天堂。这个综合购物中心有300多家商店、餐馆和咖啡厅。

购物者

- 您可以在大厅的美食街上随便吃点东西，或者到圣三一教堂里迷人的三一广场咖啡厅（Trinity Square café）去喝碗便宜的鲜汤和吃点三明治。

- 您可以乘坐中央喷泉附近的电梯，在电梯上饱览通廊里的美景。您也可以通过带颜色标注的路标在地下通道系统（PATH）上导航：红色的P指南，橙色的A指西，蓝色的T指北，黄色的H指东。

·伊顿购物中心地址：登打士西街（Dundas St W）1号（在登打士街和皇后街之间，沿着央街有刻的入口；央街西侧的皇后街也有入口）
·地图：L3
·电话：416 598 8560
·网址：www.torontoeatoncentre.com
·周一至周五10am-9pm，周六9:30am-7pm，周日中午至6pm营业。耶稣受难日、复活节和圣诞节不营业。

十大景观

1. 飞翔的天鹅模型
2. 喷泉
3. 通廊
4. 央一登打士广场
5. 迷宫
6. 圣三一教堂
7. 铜牌饰
8. 地下通道系统
9. 海湾
10. 斯卡丁房

1 飞翔的天鹅模型（Flight Stop）
著名的加拿大艺术家迈克尔·斯诺（Michael Snow）雕刻的一群加拿大天鹅悬浮在中庭的拱形天花板上，如此活灵活现，以至于您几乎期望能听到它们"嘎、嘎、嘎"的叫声。

2 喷泉（Fountain）
这个喷水的喷泉（下图）是伊顿购物中心的焦点，它用舒缓悦耳的落水声掩饰了周围的喧嚣，射入空中100英尺（30米）高的水花无不使人惊奇。喷泉的四周有石凳围绕，是您购物劳累后短暂休息的好地方。

3 通廊（Galleria）
自然光透过高耸的玻璃屋顶倾注到865英尺（265米）长的通廊上（上图）。通廊连接着这个购物中心的两个重要百货大楼。这个通廊出自设计安省游乐宫（见22~23页）的建筑师爱博·赛德勒（Eb Zeidler）之手。它是仿米兰的19世纪艾曼纽拱廊（Galleria Vittoria Emanuele）而建造的。

4 央一登打士广场（Yonge-Dundas Square）

曾经是一个破烂的十字路口，现在是一个公用广场，装有22个向地面喷水的喷泉。广场的东边是多伦多奥运中心（Olympic Spirit Toronto），工作人员都是运动员，为年轻人和老年人提供了各种各样令人刺激的模拟比赛。

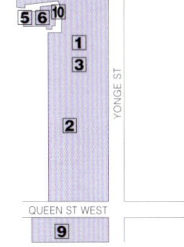

伊顿购物中心平面图

5 迷宫（The Labyrinth）

模仿13世纪法国的沙特尔大教堂（Chartres Cathedral）里的迷宫而修建。

7 铜牌饰（Bronze-Plague）

是用来纪念央街的。央街是历史上最长的一条街，已经收入了吉尼斯世界纪录中。它把多伦多分成东、西两部分。市内的第一条地铁就建于此。

9 海湾（The Bay）

海湾是哈德逊湾公司旗下的加拿大最大的连锁百货店。它出售的商品非常广泛，有家居用品和时装。但是最有名的恐怕要算那儿出售的点毯子了，早在1670年的时候，它就可以用来与印第安克里族人的海狸皮交换。

6 圣三一教堂（Church of the Holy Trinity）

可追溯到1847年，像一个平静的绿洲置身于周围繁杂的商业氛围中。在草地上野餐时，游客可仰望这个塔状的入口，或者进教堂观看彩色玻璃窗户。

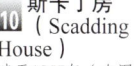

8 地下通道系统（PATH）

从伊顿购物中心您可以进入27英里（16公里）的此通道（左图）。这条通道连接了几个主要景点，包括加拿大航空中心和罗伊·汤姆森厅（Roy Thompson Hall）。通道在一个到处是商店和美食街的真实的城市中蜿蜒前行。

哈德逊湾公司（HBC）

掌控北美利润丰厚的皮毛贸易已经有200年之久。它势力雄厚，甚至能制定法律，发起与当地部族的战争。英法战争使哈德逊湾公司失去了垄断地位。1870年，它将自己的土地卖给了加拿大政府。1881年，哈德逊湾公司的第一家百货商店开张，开始转向零售行业，但它仍没有放弃皮毛生意，直到1991年，它的最后一家皮毛沙龙才关闭。

10 斯卡丁房（Scadding House）

建于1857年（右图），是为圣三一教堂的第一位教区长而建的。它搬到这儿是为了给伊顿购物中心腾出空间。这个曾经被林地包围的教堂和房子可能是央街上最古老的建筑群。现在的教区长还住在这个房子里。

成立于1670年的哈德逊湾公司是世界上历史最悠久的公司之一

TOP 10 冰球名人堂

是加拿大人最受欢迎的体育运动圣地，纪念了所有与冰球有关的东西，包括那些已经在冰球运动中取得伟大成就的运动员。冰球名人堂有一部分是在美丽的前银行大楼里，大楼的历史可追溯到1885年，现在被并入加拿大贝尔公司大厦（见36页）。它收纳了世界上最全的冰球手工艺品和纪念品，收藏品当中就有第一枚斯坦利杯（Stanley Cup）。互动式多媒体展览提供了从测试冰球知识的多媒体小游戏到更加具有体能挑战性的运动，那就是在录像上模拟守门员阻挡冰球明星维尼·格雷茨基（Wayne Gretzky）的攻门。

冰球名人堂正面图

- 加拿大贝尔公司大厦里的许多快餐店在这个壮丽的商业长廊里有座位。底下一层的小吃一条街为忙碌的人们提供了美味可口的快餐。

- 如果您逛累了，精力在减退的话，您可以去名人堂的两家电影院之一观看一场以往比赛的精彩片段，或欣赏一个互动式多媒体演示。

- 冰球名人堂地址：央街30号（经过BCE Place大厦的中央大厅）
- 地图：L5
- 电话：416 360 7765
- 网址：www.hhof.com
- 开放时间：劳动节至6月中旬，周一至周五10am–5pm，周六9：30am–6pm，周日10：30am–5pm；6月末至9月劳动节，周一至周六9：30am–6pm，周日10am–6pm。节假日开放的时间常有变化，请提前打电话咨询。
- 入场券：成人13加元，儿童9加元，3岁以下儿童免费。

十大特色
1. 斯坦利杯
2. 大厅
3. 运动员区
4. 我们的比赛
5. 您的得分记录
6. 直播区
7. 守门员面具展
8. 蒙特利尔法裔加拿大队的更衣室
9. 蒙特利尔银行大厦
10. 冰球运动装备店之神

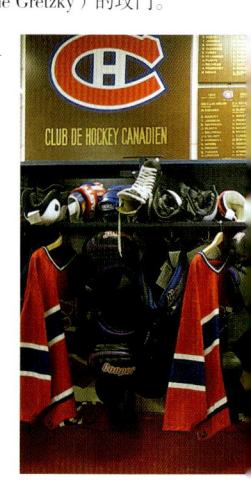

1 斯坦利杯

是最负盛名的体育奖杯之一，冰球名人堂里展示了最早的斯坦利杯（上图）。它也是现在流通的斯坦利杯，当它不在冠军队的手里时，它就被陈列在冰球名人堂里。该奖杯因加拿大的第六位总督而命名，是他提议设置一个年度挑战杯。第一次颁发斯坦利杯是在1893年。

2 大厅

这个45英尺（14米）高的前银行大厅展示了冰球运动员和冰球偶像们的风采。荣誉会员墙给予了冰球运动巨星们应有的荣誉。加拿大全国冰球联盟的所有奖杯都展示在这个大厅里。

3 运动员区

在装有赛场护板和多媒体记分牌的人工溜冰场上，游客们可以尝试与多伦多枫叶队守门员艾德·贝尔科（Ed Belfour）（下图）的真实录像比赛，看能否得分。在另一个溜冰场上，当冰球伟人维尼·格雷茨基和马克·梅瑟（Mark Messier）的视频图像真的在投球的时候，那您就该当守门员了。

直到成为1920年的奥运会运动项目和1934年全国冰球联盟的成立，冰球运动才被认为是一种严肃的体育运动，而不只是休闲活动

4 我们的比赛
这个比实际更大的铜雕塑刻画了一群精力充沛的年轻球员跃过冰球场的护板去打球的场景。这个雕塑位于央街的拐角和前街（Front Street）上，是备受游客喜爱的留影背景。

建筑平面图图例
- 主房间
- 楼上房间

5 您的得分记录
只需花上两加元的硬币，您就可以对任何冰球话题大声发表演说。一段属于您自己的名人动作视频短片就会在冰球名人堂的网站上播放10天。

6 直播区
直播区利用高科技的导航界面为您量身设计冰球转播史上的伟大动作之旅，包括从早期的广播短片到如今的电视片段，只需用手一指，就可以播放。冰球运动最精彩的一次转播是1972年世界巅峰联赛中最后几秒钟的紧张场面，那正是加拿大队战胜俄罗斯队得分的时候。

7 守门员面具展
从一副已经用坏的20世纪30年代的皮革面具到一副展示现代尖端工程的面具，这个展览展示了包括许多奇特的脸部保护面具的样品，这些面具在过去几年里反映了守门员的个性特点。

8 蒙特利尔法裔加拿大队的更衣室
这个前蒙特利尔法裔加拿大队可供休息的更衣室（上图）唯一缺少的就是冰球运动员。他们的短衫和运动装备非常乱，仿佛他们准备随时抓起自己的衣物，整装上阵。

9 蒙特利尔银行大厦
这栋洛可可式漂亮建筑建于1885年，其最初的容貌只能在建筑内部看到很少一部分，但是它的正面仍然保留了它精美的雕刻，代表了人类在农业、音乐和工业方面所付出的努力与艰辛。

10 冰球运动装备店之神
游客们从博物馆的出口出去时必须经过这个店。店里以冰球为主题的商品包括：各种各样的球队队服、拐杖和其他更小的商品，比如刻有队标的马克杯和其他样式的杯子。

加拿大的运动
加拿大认为冰球是它自己的运动。即使这样，冰球运动的起源也备受争议。新斯科舍省温索尔国王学院的学生被认为在19世纪早期就已经开始玩冰球了。其他人则相信，新斯科舍省的米克马克印第安人也在19世纪早期就开始玩冰球了。无论冰球有怎样的起源，19世纪50年代的时候，那些卫戍部队——驻扎在新斯科舍省哈利法克斯市的英国士兵正玩着冰球，驻守在安省金斯顿市的军人也一样。

TOP 10 尼亚加拉大瀑布

是世界上最著名的自然奇观之一，宏伟壮观的弧形水流噌噌巨响，泡沫丰盈。水流陡落在20层楼高的悬崖上，景色无比壮观。四处弥漫的水雾使人们站在瀑布边缘更加刺激。尼亚加拉瀑布由三股飞瀑组成，长约173英尺（53米）的加拿大"马蹄瀑布"（Horseshoe Falls）是其中最大的一个。令人印象深刻的美国瀑布（American Falls）穿过尼亚加拉河，包括更小的"婚纱瀑布"（Bridal Veil Falls）。在参观尼亚加拉大瀑布时，记得到尼亚加拉地区的其他景点看看，包括著名的葡萄酒园和历史博物馆。

3 美国瀑布（American Falls）

在国际边界的美国那边，纽约州要求把这个瀑布归于其领土范围内。它的总落差比马蹄瀑布大10公尺（3米）。然而，它的顶端水宽只有950英尺（290米），2英尺（0.6米）深的浪尖只能拥有马蹄瀑布小部分的落水量。从泰伯岩上很容易看到美国瀑布。

雾中少女号游览船

- 在柯尼卡美能达塔上的巅峰餐馆里，游客们可以欣赏壮丽的美景和享用各种各样的主菜。[地址：瀑布景大街（Fallsview Blvd）6732号，电话：1 800 461 2492] 两加元的电梯乘坐费包括去往观景甲板的费用。

- 黑人历史游是尼亚加拉自由之路旅游的精华部分。

十大景观

1. 雾中少女号游览船
2. 瀑布背后的探险
3. 美国瀑布
4. 马蹄瀑布
5. 旋涡急流
6. 泰伯岩
7. 旧平底船
8. 白浪之路
9. 蝴蝶生态保护温室
10. 尼亚加拉公园植物园

1 雾中少女号游览船（Maid of the Mist）

从1846年开始，雾中少女号游览船最初作为跨越美加边界的渡轮而运营，现在成了旅游船，航行时与大瀑布的距离很近。即便穿上雨衣，旅游完时也将成为"落汤鸡"。这个惊险的旅行会先经过美国瀑布，然后来到马蹄瀑布的脚下。

2 瀑布背后的探险（Journey Behind the Falls）

马蹄瀑布后面的岩石隧道引导您穿过一堵水墙，水墙如此厚以致能把日光挡住。这个有利的地形正位于峡谷的边缘下面，让人心生畏惧（右图）。那儿有斗篷提供，戴上它很有必要。

4 马蹄瀑布（Horseshoe Falls）

这个2625英尺（800米）宽、20层楼高的瀑布是由尼亚加拉河90%的水形成的。它的自然排水口从伊利湖延伸到安大略湖，落在尼亚加拉断层（上图）上的一个半圆形悬崖上，发出震耳欲聋的轰鸣。

- 地图：O3
- 网址：www.niagaraparks.com
- 旅游信息中心：泰伯岩旅游服务中心
- 电话：905 356 2241。
- 旅费可打折，具体信息，请浏览网站了解详情。

尼亚加拉瀑布冬季灯光节（11月中旬至1月中旬）五彩斑斓的灯光让尼亚加拉瀑布变成了霓虹闪烁的梦幻仙境

5 旋涡急流（Whirlpool Rapids）

水在瀑布下游的河里急转弯，产生了一个咆哮的旋涡，那是北美最危险的水域。现在，胆大的人能从旋涡空中缆车（上图）里俯视激流。这是一辆1913年生产的缆车，它可以穿越河的两岸。

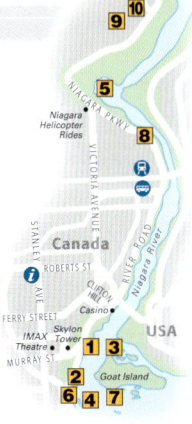

6 泰伯岩（Table Rock）

在您和奔腾的激流之间只有一个栏杆，您只能紧靠双脚站在马蹄瀑布的边缘。这个景点得名是由于它的表面延伸到峡谷之上，酷似一个桌面。1935年，人们认为泰伯岩不牢固，所以把它的岩脊炸开了。

7 旧平底船（The Old Scow）

搁浅在河中央岩石上的驳船在1918年时遇难，两个船员幸存了下来，但是在被绞索吊到安全之处前，他们在瀑布附近等待了29个小时。空中观光时，您能欣赏到最美丽的景色。（见31页）

8 白浪之路（White Water Walk）

大峡谷冒险是乘电梯从峡谷的顶部降到一条通往河边木板路（下图）的隧道里。这儿有世界上最壮观最危险的旋涡和激流。

9 蝴蝶生态保护温室（Butterfly Conservatory）

是一个巨大的加热了的圆屋，里面有几千只彩色的生物（上图）在四处飞来飞去，有时候落在兴高采烈的游客身上。

10 尼亚加拉公园植物园（Niagara Parks Botanical Gardens）

位于距尼亚加拉大瀑布6英里处，包括一个十分漂亮的玫瑰花园，花园里有2000多种玫瑰。

巨大的水流

巨大的水流侵蚀力形成了瀑布，而今天它却仍侵蚀着已形成的瀑布。在尼亚加拉上建立水电站前，岩石表面每年都要被侵蚀6英尺（1.8米），而今每年只有1英尺（30厘米）的岩面被腐蚀。地球上近1/5的淡水流经大瀑布，如此大的水量足以在一小时内填满加拿大东西两岸之间的水道。

冬天，一座冰桥跨过河岸，冰的厚度达到50英尺（15米），形成的很多小冰山也是一种美丽的风景

乔治堡

尼亚加拉赌场

TOP10 尼亚加拉大瀑布附近的十大趣味活动

1 乔治堡（Fort George）
这个有历史意义的英国古堡建于1796年，在1812年的英美战争中（见64页）它是一个重要的防御哨所。现在，人们复制原碉堡的样子，修建了几栋建筑，把这个堡垒修复成它当时的样子，碉堡里的工作人员都穿着当时的服装。◎尼亚加拉湖边小镇（Niagara-on-the-Lake）·地图Q3·4月到10月，每日10am–5pm·凭票游览

2 尼亚加拉赌场（Casino Niagara）
那些想在瀑布区寻找不同刺激的游客可以在尼亚加拉赌场的3000个自动售货机和100多张赌桌上测试他们的技巧和碰碰运气。◎尼亚加拉大瀑布区瀑布路（Falls Ave）5705号·1 888 946 3255·24小时开放

3 昆士顿高地公园（Queenston Heights Park）
昆士顿高地公园里有一个高大的纪念碑，表达了对布鲁克将军（General Brock）的敬意。他是一位英军的领导，在1812年的那场战争（见64页）中牺牲于此。在公园里可以欣赏到尼亚加拉河的美景，因而这里也成了很好的野炊点。◎尼亚加拉大瀑布区、尼亚加拉岸公园路（Niagara River Pkwy）

4 尼亚加拉瀑布立体电影院（IMAX Theatre Niagara Falls）
千万不要错过令人生畏的尼亚加拉瀑布：奇迹、神话和魔术讲述了大瀑布的历史。特别的电影放映技术把电影投射到一个巨大的屏幕上，让您感觉到身临其境。电影院的戴尔伟渥展馆（Daredevil Gallery）展示了最早的特技炮管。◎尼亚加拉大瀑布区瀑布景大街（Fallsview Blvd）6170号·电话：905 358 3611

5 史凯隆塔（Skylon Tower）
史凯隆塔比瀑布高775英尺（236米），站在史凯隆塔的观景甲板上可看到80英里（130公里）处的远景。游客们可以在塔上的旋转餐厅享受美食。◎鲁宾逊街（Robinson St）5200号·905 356 2651·夏天开放时间为8am至午夜，冬天开放时间为每日11am–9pm·凭票登塔

史凯隆塔

6 韦兰运河（Welland Canal）
连接安大略湖和伊利湖的韦兰运河有8个降水闸，长27英里（43公里）。运河在1829年首次开通，船只可穿越尼亚加拉断层和两湖之间328英尺（100米）高的水位差。从索鲁德街到凯萨琳斯街的运河岸边小径为轮船游提供了很好的条件。◎3号水闸的观景楼和博物馆地址：凯萨琳斯街（St. Catherines）政府路（Government Rd）·地图Q3·1 800 305 5134

7 克利夫顿山（Clifton Hill）
克利夫顿山是尼亚加拉瀑布区的购物和娱乐区，那儿有博物馆、迷你高尔夫球场，娱乐场是克利夫顿山的开始。在这儿，游客们可以找到适合不同消费需求的餐馆和酒店。◎尼亚加拉瀑布区。

穿过韦兰运河的轮船

您可以参观里普利的家园（Ripley's）或者到博物馆（克利夫顿山4960号；905 356 2238）去观看历史剧惊险的特技镜头。

十大尼亚加拉大瀑布冒险者

1. 简·弗朗索瓦·格拉维罗,被称为伟大的布朗汀(The Great Blondin),1859年沿空中索道横越大瀑布。
2. 古尔勒莫·安东尼奥·法里尼(Guillermo Antonio Farini),被称为伟大的法里尼(The Great Farini),1864年他以踩高跷的方式横越大瀑布。
3. 亨利·贝里尼(Henry Bellini),1873年沿空中索道横越大瀑布并挑战自己。
4. 玛利亚·史培特尼(Maria Spelterini),1876年成为第一位沿空中索道横越大瀑布的女冒险者。
5. 卡莱·格雷汉姆(Carlisle Graham),1886年成为首位坐在桶内横越大瀑布的男冒险者。
6. 克利福德·凯佛利(Clifford Calverly),1887年成为沿索道横越大瀑布速度最快的冒险者。
7. 塞缪尔·J.狄克逊(Samuel J.Dixon),一只手抓着绳索于1890年穿越大瀑布。
8. 詹姆斯·哈代(James Hardy),1896年成为最年轻的沿索道横越大瀑布的冒险者。
9. 安妮·埃德森·泰勒(Annie Edson Taylor),1901年成为第一位坐在桶内横越大瀑布的女冒险者。
10. 林肯·比其(Lincoln Beachy),1911年成为第一位横越大瀑布的空中特技员。

伟大的布朗汀(The Great Blondin)

伟大的布朗汀在1859年沿绳索横越尼亚加拉河时,他的经理人正趴在他的背上。

冒险者的佳绩

200多年来,为了成名,冒险者们不惜冒着生命危险横越尼亚加拉大瀑布。19人已经在冒险中死亡,很多人险些丧命。第一位冒险者山姆·派趣(Sam Patch)在1829年从85英尺(26米)高的平台上头朝前跳入尼亚加拉河,并幸存下来了。10天后,他再次从130英尺(40米)高的平台上跳入尼亚加拉河中。伟大的布朗汀对横越瀑布并不满足,他在1859年沿索道穿越尼亚加拉峡谷9次,曾经有一次把他的经理人背在背上。1960年,布朗汀带着更多特技到到尼亚加拉大瀑布,例如推着手推车沿绳索横越瀑布。他的挑战者,年轻且自命不凡的伟人法里尼,带着一台洗衣机横越了尼亚加拉瀑布。法里尼每两周表演一次,并且变得愈来愈胆大:在绳索上倒立,用脚趾倒挂自己。他在所有这些冒险行动中都幸存下来了,逝世时达到91岁高龄。第一位横越尼亚加拉瀑布的女走绳索者玛利亚·史培特尼在1876年蒙着眼睛横越了瀑布。安妮·泰勒是第一位坐在桶内横越大瀑布的人,她于1901年完成了这一壮举并幸存下来了。从磨损的桶内走出来后,这位63岁的老师说:"没有人能再次这样做。"自那时起,几个冒险者已经无视了她的忠告。

时间相对有限·凭票游览

8 尼亚加拉大瀑布直升飞机游(Niagara Helicopter Tour)

当您在咆哮的旋涡上面飞扑时,您可以体验大约10分钟的刺激,然后与瀑布近距离接触。●尼亚加拉直升飞机游咨询电话:905 357 5672;航线查询电话:1 800 491 3117

9 伊利古堡(Old Fort Erie)

这个重建的堡垒是18世纪英军的供给基地,是19世纪多场英美战争的战场。●伊利堡湖滨路(Lakeshore Rd)350号·地图Q3·905 871 0540·5月中至9月,每日10am–6pm;10月开放时间相对有限·凭票游览

10 海洋公园(Marineland)

也许对于很多人来说杀人鲸和北极白鲸是海洋公园里的看点,但它们却不是这个主题公园的唯一景点。海象和海狮也出现在海洋动物展区,此外还有栖息动物收容所里的熊、麋鹿和鹿。喜欢冒险的游客还可以在10轨道上单脚跳,包括世界上最大的循环过山车,也是世界上唯一带有蝶形领结状回环的过山车。●尼亚加拉瀑布区波蒂奇路(Portage Rd)7657号·905 356 9565·5月末至10月中旬10am–5pm或更晚·凭票游玩

尼亚加拉瀑布区因上好的葡萄酒园而闻名,见100页;大多数葡萄酒园都提供园内游和品酒服务,也出售葡萄酒。

安省科学馆　　　　　　　　迈克马克加拿大艺术收藏馆

十大博物馆和美术馆

1 安省美术馆（Art Gallery of Ontario）
安省美术馆彰显了人类600多年的创造力，它的永久收藏品包罗万象，有6.8万多件。加拿大人的艺术收藏品给人印象非常深刻。　（见16~17页）

2 安省皇家博物馆（Royal Ontario Museum）
安省皇家博物馆是加拿大最重要的博物馆，拥有的艺术、考古、科学和自然收藏品很平衡，它的展厅里展示了500多万件手工艺品。　（见8~11页）

3 安省科学馆（Ontario Science Centre）
在11个主题特别的展厅里，800多件高科技交互式展品使科学有趣且引人入胜。年轻的参观者可以坐在火箭椅里给自己导航、攀爬岩墙、触摸鱼雷和探索令人毛发竖起的电效应。　（见91页）

4 加丁纳陶瓷博物馆（Gardiner Museum of Ceramic Art）
加丁纳陶瓷博物馆是北美唯一一家只展览陶瓷艺术的博物馆，它是1984年由加拿大私人收藏家乔治（George）和海伦·加丁纳（Helen Gardiner）建立的。博物馆展示了他们收藏的前哥伦布时期的美洲陶器和欧洲瓷器，非常特别。最近增加的收藏品有亚洲陶瓷和当代的陶艺品。　（见76页）

5 设计交易所（Design Exchange）
设计交易所位于华丽的前多伦多股票交易所，它成立于1937年，是装饰艺术的瑰宝。这个艺术馆纪念了战后加拿大的艺术设计。家具、家用品、体育器械和医疗器械都是这个艺术馆的永久收藏品，它们强调了设计在日常生活中的作用。这个艺术馆也有重要的本土和国际展览品。在楼上的交易大厅里有非常精美的壁画，描述了加拿大的工业发展主题。　（见66页）

6 加拿大纺织博物馆（Textile Museum of Canada）
这个面积小但非常精致的博物馆拥有1万多件永久性收藏品，包括来自世界各地的纺织品、被子、礼服和地毯。临时的和当代的展品使历史手工艺品展厅更加完美。中心大街（Centre Ave）55号·地图K3·416 599 5321·每日11am—5pm（周三开放至8:00pm）·凭票参观·www.textilemuseum.ca

纺织博物馆里的长袍

7 迈克马克加拿大艺术收藏馆（McMichael Canadian Art Collection）
非常著名的七人画派艺术收藏品是这个艺术馆的珍宝。20世纪早期，七人画派想通过他们的加拿大野外风景画来表达独特的本土艺术认同感，并为此做出了不懈的努力。　（见91页）

8 发电厂当代艺术馆（Power Plant Contemporary Art Gallery）
这个艺术馆因它打破国界的当代加拿大和国际艺术展品而著名。这个棱角突出的免费美术馆以循环展示高质量的艺术品为特色。如果艺术有时候使参观者感到神秘，那么至少参观者能在瞬间认出这栋建筑：一个砖头做的烟囱耸立在20世纪20年代改造的发电站顶部。　（见66页）

前两页表现了参加国际狂欢节的游行队伍

9 多伦多道明因纽特人艺术馆（Toronto Dominion Gallery of Inuit Art）

当因纽特工具制造者把他们的技巧转向雕刻时，加拿大文化经历了一次复兴，这是一次艺术成就的复兴。这个艺术馆里的200多件艺术品大多是战后因纽特人用滑石雕刻的雕塑，每件雕塑都让人想起了加拿大条件恶劣的北极区风景和土著加拿大人的文化和传奇故事。艺术馆模仿了多伦多道明银行大楼的设计，这栋银行大楼出自当代著名建筑师密斯·凡·德·罗（Mies Van Der Rohe）之手。（见66页）

10 贝塔鞋子博物馆（Bata Shoe Museum）

这栋非凡的建筑非常像一个独具风格的鞋盒子，装有1万多只鞋子，贯穿了4500多年人类穿鞋的历史。博物馆的手工鞋种类繁多，无与伦比，从古埃及的寿鞋（公元前1500年）到19世纪的尼日利亚骆驼靴，再到玛丽莲·梦露（Marilyn Monroe）的红色皮革高跟鞋。（见74页）

十佳小博物馆

1 吉布森老宅博物馆（Gibson House Museum）
是一家优雅的1851年乔治式农庄。（见92页）

2 麦肯齐老屋（Mackenzie House）
是多伦多第一任市长的家（1834年）。（见83页）

3 多伦多第一邮政博物馆（Toronto's First Post Office）
现在既提供邮政服务又起了博物馆的作用。（见84页）

4 耶迪斯·亨德斯（Ydessa Hendeles）
收藏了一流的国际当代艺术家作品。⚑国王西大街（King St W），778号·地图B4·416 413 9400·周六正午至5pm·凭票参观

5 加拿大当代艺术博物馆（MOCCA）
多伦多室内最新的博物馆。馆藏主要为当代艺术品。⚑皇后西街952号·地图B4·416 395 0067·免费参观

6 珀炼糖博物馆（Redpath Sugar Museum）
与一家精炼厂相邻，讲述了炼糖的发展史。⚑皇后码头东（Queen's Quay E）95号·地图M6·416 366 3561·周六、周日不开放

7 坎贝尔老屋（Campbell House）
是这个城市现存的最古老的建筑（1822年）。（见74页）

8 多伦多大学艺术中心（University of Toronto Art Centre）
毕加索和马蒂斯的作品收藏在多伦多大学的学院里。⚑国王学院环形路（King's College Circle）15号·地图J1·416 978 1838·免费参观

9 多伦多警察博物馆和发现中心（Toronto Police Museum and Discovery Centre）
这儿有交互式展览，引人入胜的警具展和记录在册的名不见经传的案件展。⚑学院街（College St）40号·地图L2·416 205 5574·免费参观

10 加拿大广播公司博物馆（CBC Museum）
纪念了加拿大国家广播公司的工作人员和广播电视节目。⚑前西街250号·地图J5·416 205 5574·免费参观

贝塔鞋子博物馆

许多博物馆在周一不开放，请提前打电话查询

联合车站

多伦多大学三一学院

十佳建筑胜景

1. 加拿大贝尔公司大厦（BCE Place）
西班牙建筑师圣地亚哥·卡拉特拉瓦（Santiago Calatrava）设计了这栋引人瞩目的办公综合大楼。它的钢和玻璃顶篷制造了迷人的光影图案。央街的临街面还保留了那些19世纪建筑的正面。卑街（Bay St）181号·地图L5

2. 多伦多道明中心（Toronto-Dominion Centre）
矗立在宽阔的广场上的是两栋庄严且比例极其协调的塔楼和其中一层的亭子，亭子是用玻璃与黑金属建造的。它们是具有国际风格的建筑师路德维希·密斯·凡·德·罗（Ludwig Mies van der Rohe）（1886—1969）为多伦多设计的唯一建筑。多伦多道明中心在1964年至1971年间建成，这栋办公综合大楼促进了摩天大楼的急速发展，造就了这个城市的金融区。后来在多伦多道明中心又增建了四栋建筑。（见63页）

3. 加拿大国家电视塔（CN Tower）
加拿大国家电视塔界定了地平线，是多伦多人公认的标志性建筑，也是世界上最高的自支撑式建筑结构。（见12~13页）

4. 多伦多大学（University of Toronto）
作为国王学院，多伦多大学始建于1827年，拥有许多精致庄严的建筑，例如具有罗马复兴时代风格（Romanesque Revival Style）的大学学院（University College）。（见76页）

5. 市政大厅（City Hall）
新市政大厅勇敢、大胆和独特的设计在20世纪60年代的多伦多引起了巨大的轰动。芬兰建筑师威里欧·雷维尔（Viljo Revell）设计的双体弧形大楼看似在拥抱双塔之间的中心圆形建筑。市政厅门前的内森·菲利普斯广场（Nathan Phillips Square）是市民喜爱的娱乐场所，象征着这个城市的中心。（见75页）

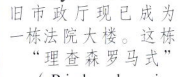
市政大厅

6. 旧市政厅（Old City Hall）
旧市政厅现已成为一栋法院大楼。这栋"理查森罗马式"（Richardsonian Romanesque）风格建筑于1899年完工，是出自建筑师E.J.雷侬（E.J. Lennox）之手，他负责设计了许多多伦多有历史意义的建筑。要想欣赏钟塔最美丽的一面，请站在海湾街上往北看。（见76页）

旧市政厅

有几十栋极具建筑学意义的著名建筑在多伦多开放活动日（Doors Open Toronto）对公众开放，请点击网址：www.doorsopen.org

夏普设计中心

7 夏普设计中心（Shapre Centre for Design）
夏普设计中心由高达100英尺（30米）的支柱支撑着，是英国建筑设计师威尔·奥尔索普（Will Alsop）为安大略艺术与设计学院加建的，设计有情趣且非常大胆。这个两层的"酷似"桌面的建筑通过一个倾斜的隧道与主楼相连。☏麦克考街（McCaul St）100号·地图J3

8 皇家银行大厦（Royal Bank Plaza）
这两栋塔楼（1977年）拥有1.4万扇反光窗，窗户用24K黄金隔开，每扇窗户价值70加元，一共花费100万加元。如此设计窗户是为了在供热上省钱。☏卑街（Bay St）200号·地图K4

9 安省议会大楼（Ontario Legislative Building）
站在学院街（College Street）上，通过那片宽阔的草坪往北看，您能看到这栋"理查森罗马式"（Richardsianian Romanesque）风格建筑（1892年）的最佳风景——省政府之席。安省议会大楼的原址是一家精神病院（政治学家们并非常在意），它雕刻精细的外观与华丽的室内装饰搭配非常协调。（见76页）

10 联合车站（Union Station）
这栋20世纪20年代由庞大石头砌成的火车站有一个88英尺（27米）高的拱形顶棚。（见66页）

十佳公众艺术场地

1 牧场（The Pasture）
乔·费法德（Joe Fafard）设计的七头铜牛恬静地在牧场上睡着了。☏国王西街（King St W）77号·地图L4

2 Three Way Piece No.2铜塑（Three Way Piece No.2）
被称为马手，是亨利·摩尔的铜塑，在1966年安装时备受争议，现在成了大众喜爱的艺术品。☏内森·菲利普斯广场（Nathan Phillips Sq）·地图K3

3 墙和椅子（Wall and Chairs）
由三只椅子组成的三角形与曲壁相交，与这个城市塔楼的严肃美相呼应。☏多伦多道明中心（TD Centre）·地图K3

4 多伦多雕塑花园（Toronto Sculpture Garden）
有来自特定地点的雕塑循环展览。☏国王东街（King St E）115号·地图L4

5 高湿地（Elevated Wetlands）
当顿河（Don River）的河水流过大片白色熊状高地的植物时，河水被回收了。☏泰莱溪公园（Taylor Creek Park）·地图F1

6 探照灯、星光灯、聚光灯（Search light, Star Light, Spot Light）
数百颗星星贯穿三根空心金属柱，从内部照明，看似探照灯。☏加拿大航空中心（Air Canada Centre）·地图K5

7 未命名的（山）[Untitled (Mountain)]
这是一尊射水切割的华丽的多层铝雕塑，出自雕塑家卡波尔（Anish Kapoor）之手。☏锡姆科公园（Simcoe Park）·地图J4

8 观众（The Audience）
欢闹的"球迷"从天虹体育馆（SkyDome）冲出，这尊带铁雕刻出自雕刻家迈克尔·斯诺（Michael Snow）之手。☏地图J5

9 啄木鸟圆柱（Woodpecker Column）
一群啄木鸟向一根100英尺（30米）高的圆柱猛扑。☏布雷纳大街（Bremner Blvd）222号·地图J5

10 城市居民（City People）
彩色的铝刻人物在微风中柔和地旋转。☏皇家银行大厦·地图K4

安省议会大楼对外开放；游客们可以从艺术馆内观看正在议事的政客或者加入一个免费旅游团（拨打电话：416 325 7500）

沙滩区木板道　　　　　　　　椰菜镇

十佳街区

1 沙滩区（The Beach）

位于东活拜大道（Woodbine Ave）的迷人小区对户外爱好者和把购物当成一种体育运动的人来说，充满了乐趣。人们可以浏览那几五花八门的商店，或者在众多温馨的餐馆或酒吧中选择一家，坐下来放松一下自己（见93页）。一条备受众人喜爱的木板道正位于皇后街东街（Queen Street East）狭长带的南边。木板道沿着沙滩延伸，直到灰桥湾（Ashbridges Bay）。

2 唐人街（Chinatown）

多伦多的华人人口数量位居所有北美城市之首，因此多伦多拥有几条唐人街也不足为奇。这条唐人街早在20世纪早期就已经建立起来，比任何其他唐人街历史更悠久。唐人街最早位于登打士街的远东处，现在它的中心位于士巴丹拿大道（Spadina Avenue）上。那儿有许多商店和餐馆，包括许多越南餐馆，一家挨着一家。通常在2月份，在中国的新年春节期间，这个地区更受众人欢迎。

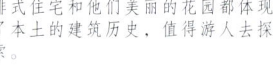

唐人街的路标

3 椰菜镇（Cabbagetown）

在19世纪40年代时，椰菜镇是贫穷的爱尔兰移民居住的地方，他们在自家的前院种椰菜来维持基本生活。这个地区以来，在韦斯里东街（Wellesley St E）与芝兰东街（Gerrard St E）之间的雪邦街（Sherbourne St）所权遭受恶化。风景如画的村庄、维多利亚联排式住宅和他们美丽的花园都体现了本土的建筑历史，值得游人去探索。

4 小意大利（Little Italy）

在50多万意大利人中，把多伦多称为家的人大多数居住在这个城市的北边，但是这些比萨店和饮食店仍然还在这条曾经是意大利人地盘的巴瑟斯特街（Bathurst St）西边的学院街（College St）上。这些比萨店和饮食店确保了这个地区仍然保持它原有的吸引力。晚上，音乐在这些时髦的酒吧和餐厅里回荡，顾客们也蜂拥而至。（见76页）

5 约克维尔（Yorkville）

20世纪60年代，约克维尔因成为嬉皮士的聚集地而出名，现在它是这个城市最独特的零售区。这个购物者的天堂到处是绚丽夺目的小商品。别致的小时装店、酒吧和餐馆里都有自己精致的艺术馆。人们经常可以发现来这里逛街和泡吧的电影明星，尤其是在电影节期间。（见74页）

6 希腊街（The Danforth）

这是希腊人和马其顿人在多伦多的社会活动和商业中心。晚上，

约克维尔

多伦多闹市区的小唐人街位于百老汇大道（Broadview Avenue）和芝兰街（Gerrard Street）上，在城市的东边

尤其是在切斯特街（Chester St）和彼普街（Pape Ave）之间，热闹的餐馆里挤满了一边喝松香酒或茴香酒，一边吃希腊烤肉和海鲜的顾客。白天，这些餐馆吸引了许多的顾客。（见83页）

7 安尼科斯社区（The Annex）

这个高档社区是很多学生、家庭和专业人士的家。社区里有爱德华时代的房子，房子前面有很多大树。布鲁街（Bloor St）是这个社区的主要交通干线，在巴瑟斯特大道（Bathurst Ave）和士巴丹拿大道（Spadina Ave）之间，街道两侧有许多商店，出售便宜的衣服、珠宝、书刊和旧唱片，还有很多免税的小餐馆，包括许多民族风味餐馆和素食餐馆。周末，街道上和酒吧里到处是年轻的酒客。（见76页）

8 伦萨斯华里斯街区（Roncesvalles）

多伦多的波兰社区延伸到这个街区的西端。它的中心，伦萨斯华里斯大道位于霍华德公园大道（Howard Park Ave）和皇后西街之间，街道两侧有极好的波兰熟食店和面包店（您可以尝尝果酱面团）。随着城市所有权的中产阶级化，少数民族人们变老并继续搬迁，年轻的专业人士搬入社区，但是这里仍然有工人阶层的感觉，人们在餐馆里和街道上仍然说波兰语。

9 莱斯利维尔（Leslieville）

作为成形的旅游目的地，莱斯利维尔是多伦多较新的地区之一。莱斯利维尔以适当的方式弥补了这个地区所缺少的建筑多样性。在卡罗路（Carlaw Ave）与李斯利街（Leslie St）之间的

希腊街上的希腊餐馆

皇后东街（Queen St E）上，沿街的旧家具店、家用品店和古董店有20世纪六七十年代的小古董出售。虽然有时候您必须与来自附近的电影制片厂的布景设计师争着购买您想要的物品。休闲咖啡馆是周末吃早午餐的最佳场所，几家上好的餐馆也已经在这里开业了。地图F4

10 小印度（Little India）

印度次大陆集贸市场的欢庆气氛在这里还仍然很活跃，即使是在多伦多严寒的冬天，格林伍德大道（Greenwood Ave）与葛士维大道（Coxwell Ave）之间的芝兰东街（Gerrard St E）也是人潮如涌。那儿的商店出售各式各样的莎丽服，街头的大排档烹制诱人的外卖，餐馆提供味道极好的印度食物，从蔬菜做的土豆米饼到胡萝卜馅做的甜哈尔瓦。

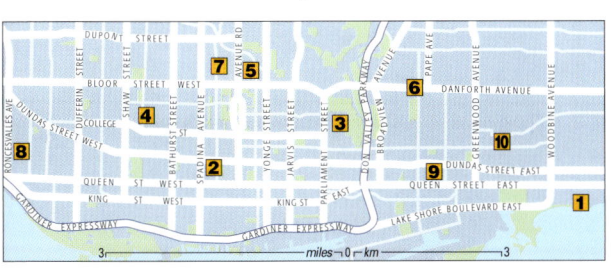

可追溯到19世纪50年代的大墓地（Necropolis Cemetery）是在椰菜镇漫步的精选地段之一，见85页

李斯利街岬

海柏公园

十佳绿地

1. 李斯利街岬（Leslie Street Spit）

李斯利街岬也被称为汤米·汤普森公园（Tommy Thompson Park）。多伦多的第一位公园委员会主任和官员在公园里树立"请在草地上行走"的告示牌后，这个僻静的自然保护区成了一个人工半岛。半岛向外延伸3英里（5公里），直到安大略湖。这个重要的野生动物景点有290多种鸟类。公园的湿地、草坪和森林里长有许多珍贵罕见的植物。南端的灯塔是骑自行车游玩的目的地。◎地图F6

2. 顿河谷砖厂遗址（Don Valley Brickworks）

自然已经收回了这个有历史意义的前砖厂的采石场：那些池塘和草地现在成了有名的韦斯顿阔里花园（Weston Quarry Garden），吸引了成群的鸟儿和野生动物。您可以在世界闻名的挖掘"墙"边停下来，感叹多伦多早期的植物和动物的化石，品味这个地区的地质历史。有些矿层有100多万年的历史。（见85页）

3. 海柏公园（High Park）

几英里的自行车道和步行小径蜿蜒穿过规整式的园林、茂密的山谷和珍贵的橡树草原。这片橡树草原生长在市中心最大的园林里。海柏公园的南端是高邦尼别墅（Colborne Lodge）和手榴弹士兵池塘（Grenadier Pond）。夏天池塘里满是鱼儿，冬天它却成了天然的滑雪场。（见94页）

4. 灰桥湾公园（Ashbridges Bay Park）

您可以在这个湖边公园一边看船只靠岸，一边享受野餐，或者在橄榄球场或棒球场打球。马丁·古德曼（Martin Goodman）自行车道（见94页）与海滨木板道（见38页）在公园的北端相会。

5. 万柏墓园（Mount Pleasant Cemetery）

这片墓园里的树木成排，有许多古老庄严的树，历史可追溯到1876年，这使万柏墓园成了真正的植物园。在这片可爱的墓园里散步，您将发现几个加拿大名人的坟墓，包括钢琴家格伦·古尔德（Glenn Gould）（1932—1982）的坟墓。他的墓碑上刻有J.S.巴赫（J.S.Bach）的《戈德堡变奏曲》的第一小节。◎地图D1

6. 约克维尔公园（Yorkville Park）

在茂密的绿化带内，这块宝地显得非常重要。它被分成了几个优美的地带，每个地带都有不同的主题，例如果树林带、湿地带和草地带。针叶林周围不时升起一股股薄雾。巨大的加拿大地盾花岗石是夏日享受阳光的最佳去处。◎地图C3

顿河谷砖厂

> 在夜晚，您可以坐在海柏公园圆形剧场那长满青草的斜坡上，欣赏一场莎士比亚的戏剧（7~8月）。电话：416 367 8243

约克维尔公园

10 爱德华公园（Edwards Gardens）

当参加婚宴的人挤在修剪完美的草坪上照相时，公园里展示了玫瑰花、杜鹃花和更多的其他花种的漂亮花圃使得这个规划整齐的绿洲在夏天非常受大众喜爱。教学花园使孩子们能学习植物的一个字母，通过亲身体验来学习大自然的奥妙。这儿还有多伦多植物园，那是一个园艺中心。（见94页）

7 东汉博湾公园（Humber Bay Park East）

汉博湾公园的风景与多伦多市的风景一样美丽。只要骑自行车沿滨河步道（Waterfront Trail）走就能到达汉博湾公园。在公园内步行，欣赏美景，非常有意思。大范围生态环境的恢复，如野花草地的播种，吸引了许多鸟儿和蝴蝶（见94页）。公园里的人行道和解说牌与一系列有趣的雨水净化池搭配看起来非常协调。地图A2

8 多伦多音乐花园（Toronto Music Garden）

多伦多音乐花园是这个城市最与众不同的花园之一。它有六个部分，每个部分的设计灵感都来自J.S.巴赫（J.S.Bach）的《无伴奏大提琴组曲》（First Suite for Unaccompanied Cello）中的一个乐章。旋涡状的小路，起伏的丘陵和隐隐约约的小树林形成的累积效应使人眼花缭乱。（见64页）

爱德华公园

9 红河公园（Rouge Park）

红河公园是北美市区最大的公园，面积超过31平方英里（50平方公里）。公园与红河及它的支流在城市的东端毗接。红河公园是品种独特的多样性野生动物栖息与植物生长的地方，其中包括多伦多现存最好的湖滨沼泽地样本。沿着公园的小路步行或骑车，您会发现美好的一天不知不觉就这样度过了。（见94页）

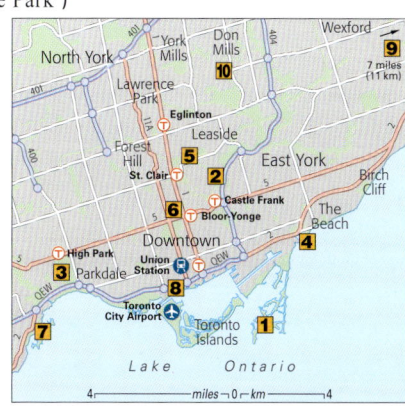

多伦多十佳——前十名排行榜

登录traveldk.com分享游览感受

公众游泳池里的年轻游泳者们　　马丁·古德曼徒步小路上的滚轴溜冰

十佳户外活动

1 游泳
东边的樱桃沙滩和翰兰角（见15页）是多伦多最好的海滩当中的两个。当市政府把水质改善后，大雨过后，人们常常可见海滩边树着禁止游泳的牌子。公众游泳池更加可靠。海滩热线：416 392 7161。有关沙滩和游泳池的信息请查看网站：www.toronto.ca

2 溜冰
内森·菲利普斯广场（Nathan Phillips Square）和湖滨区天然溜冰场（Harbourfront's Natrel Rink）是多伦多的免费户外溜冰场。两个溜冰场都有溜冰鞋出租。公众溜冰场电话：416 392 7161。天然溜冰场：皇后码头西街（Queen's Quay W）235号·地图K6·416 973 4866

3 滚轴溜冰
勇敢的滚轴溜冰者们喜欢在街头玩耍，但是爱娱乐的溜冰者却愿意去四面环湖的马丁·古德曼小路上展示他们的滑冰技巧。（见94页）

4 慢跑
宽阔的公园和山间小路意味着许多的选择。喜爱慢跑的人可以去海滨木板道（Beach Boardwalk）（见38页）、海柏公园（High Park）（见40页）或者顿河（Don River）边更加僻静的小路上慢跑。

5 骑自行车
许多主路和公园都有自行车道。在马丁·古德曼徒步小路上（见94页）或在李斯利街岬（见40页）里，酷爱骑自行车的人可以享受极好的骑车休闲运动。

骑自行车的人

6 徒步旅行
多伦多野外自然主义者协会（Toronto Field Naturalists）（TFN）提供自然区每日游，由知识渊博的志愿者们做导游。800公里的布鲁斯步行小径（Bruce Trail）沿着尼亚加拉的悬崖山脊（Niagara Escarpment）从尼亚加拉延伸到托伯莫里（Tobermory）。这条步行小径有许多入口。布鲁斯步行小径协会（BTA）有详细的信息介绍。TFN电话：416 593 2656·BTA电话：1 800 665 4453·www.brucetrail.org

多伦多港的帆船运动

您可以在皇后西街249号，110单元的轮子刺激（Wheel Excitement）处租用滚轴溜冰鞋和自行车（电话：416 260 9000）

在市政大厅的内森·菲利普斯广场上溜冰

冲浪和帆船

7 加上樱桃海滩的多伦多冲浪俱乐部，您可以上冲浪课或租用冲浪板。那儿是全市最好的冲浪点。水手们可以从四个公众码头中选一个，最大的Z码头在峭壁公园（Bluffer's Park）（见94页），也可以在众多的私人码头中选择其中之一。（见107页）多伦多冲浪俱乐部电话：416 461 7078·布吉佛公园码头电话：416 266 7808

赛艇和皮划艇

8 湖心岛的泻湖是划船的最佳场所。您可以在中央岛（Centre Island）或在湖滨区赛艇和皮划艇中心（Harborfront Canoe & Kayak Centre）的陆地上租一艘赛艇或皮划艇。湖滨区赛艇和皮划艇中心也提供授课和组织本地户外活动。湖滨区赛艇和皮划艇中心地址：皇后码头西街（Queen's Quay W）283A·416 203 2277

打高尔夫球

9 著名的阿比谷（Glen Abbey）高尔夫球场距离多伦多西部只有30分钟的车程。多伦多市也有五个高尔夫球场。奥克维尔多瓦尔码头（Dorval Dr, Oakville）1333号·塔姆·奥尚特高尔夫球场（Tam O'Shanter Golf Course）·416 392 2547

滑雪

10 在多伦多市内，北约克滑雪中心（North York Ski Centre）和世纪公园（Centennial Park）只是两座小山。安大略最好的滑雪场在柯林伍德镇（Collingwood），距离多伦多北部只有两小时的车程。（见98页）请拨打多伦多市滑雪热线电话（416 338 6754）询问具体的信息。

十佳观赏运动

1 多伦多枫叶队（Toronto Maple Leaves）
冰球联盟球队激起了人们对家乡的热爱。湾街（Bay Street）40号，加拿大航空中心·416 703 5323

2 多伦多蓝鸟队（Toronto Blue Jays）
是美国职业棒球美国联盟的成员之一。蓝鸟街（Blue Jay Way）1号，罗渣士中心·4163411234, 1-888-OK-JAY

3 多伦多猛龙队（Toronto Raptors）
NBA球队从11月到5月为球迷们奉献上令人兴奋的精彩比赛。湾街（Bay Street）40号，加拿大航空中心·416 872 5000

4 多伦多英雄队（Toronto Argonauts）
他们是加拿大足球联盟球队。蓝鸟街（Blue Jay Way）1号，罗渣士中心·416 872 5000

5 多伦多巨石队（Toronto Rock）
他们是打长曲棍球的。这项运动是加拿大正式的民族体育运动。湾街（Bay Street）40号，加拿大航空中心·416 872 5000

6 多伦多足球俱乐部
他们是一支专业的足球队。BMO体育场·416 360 4625

7 活拜跑马场（Woodbine Race Track）
这里是女王赛马的地方。历斯岱尔大道（Rexdale Blvd）555号·416 675 7223

8 莫森印地大赛车（Molson Indy）
这是最引人瞩目的赛车系列，它吸引了很多人前往展览馆观看比赛。416 922 7477, 1-877-865-Race

9 多伦多马拉松（Toronto Marathon）
这是一场长达26英里（41公里）的赛跑，它的起点是拉士民广场（Mel Lastman Square），终点是皇后公园（Queen's Park）。每年10月中旬·416 972 1062

10 多伦多马利士冰球俱乐部（Toronto Marlies）
负责向国家冰球联盟输送运动员。丽礁体育馆（Ricoh Coliseum）·416 597 7825

多伦多十佳——前十名排行榜

 欲想查看多伦多14个海滩任意一处的水质，请您访问网站：www.toronto.ca/beach

莫尔森露天剧场

加拿大航空中心

十佳娱乐场所

1 莫尔森露天剧场（Molson Amphitheatre）

莫尔森露天剧场位于用湖畔做背景的安省游乐宫内，是参加夏日音乐会的好去处。它的铜制天棚底下可容纳9000多名观众。剧场内的草地上也可坐上7000人。顶级的演员意味着剧场内上演的都是一票难求的演出。⊛湖滨大道西街（Lake Shore Blvd W）909号·地图A5·416 260 5600

2 罗伊·汤姆森厅（Roy Thomson Hall）

这个音乐厅的创新设计保证了大厅内的每名观众都能在距离舞台100英尺（31米）之内的地方（见13页）。那儿是多伦多交响乐团（乐团在每年9月~次年6月演出）和多伦多门德尔松合唱团演出的地方。音乐厅也邀请其他艺术家来演出。⊛闪高街（Simcoe St）60号·地图J14·416 872 4255·www.masseyhall.com

罗伊·汤姆森厅

3 圣劳伦斯艺术中心（St. Lawrence Centre for the Arts）

经常有戏剧、舞蹈、音乐会在这个庄严的多功能艺术场地演出。它的两处秘密空间内还有大众感兴趣的热门话题演讲。加拿大剧院公司的演出在稍大的Bluma Appel剧院举行，而Jane Mallet剧院却以独唱会和组合演出为特色，比如多伦多歌剧公司的演出。⊛前东街（Front St E）·地图L5·416 366 7723·www.stlc.com

4 索尼中心（The Sony Centre）

1979年，著名的舞蹈家巴里什·尼科夫（Mikhail Baryshnikov）就是从苏联逃跑到这儿的。如今，翻新的剧院经常有加拿大国家芭蕾舞团和其他歌舞团的演出。⊛前东街（Front St E）·地图L5·416 393 7469·www.sonycentre.ca

5 加拿大航空中心（Air Canada Centre）

当冰球枫叶队（Maple Leafs）和篮球猛龙队（Raptors）参加比赛，球迷还没坐满观众席时，这个竞技场内还举行名人音乐会。（见66页）⊛www.theaircanadacentre.com

6 罗杰斯中心（Rogers Centre）

这个巨型体育馆伸缩自如的屋顶使得比赛在任何天气情况下都可以进行。当体育迷们在观看蓝鸟棒球队或阿尔戈英雄足球队的主场比赛时，这个竞技场可以容纳5.2万名观众。罗杰斯中心也可以容纳7万名来听音乐会的观众。（见63页）⊛www.rogerscentre.com

7 埃尔金和冬日花园剧院（Elgin and Winter Garden Theatres）

这两个剧院已经恢复了它们最初的辉煌。作为双层场地的冬日花园剧院于1913年开放，位于埃尔金剧院七层

罗杰斯中心

欲想了解活动列表，请查看《视点周报》（Eye）和《今日多伦多报》（Now），见110页

冬日花园剧场

之上。这两个剧场经常上演音乐会、歌剧和热门的百老汇音乐剧。（见68页）

梅西音乐厅（Massey Hall）⑧

这个宏伟的娱乐场所于1894年向世人开放，是多伦多第一个专用的音乐厅，它的舞台空间可供大型的音乐团同时上台表演。它的2700个座位和极好的音响效果为爵士乐、蓝调和民间艺术表演提供了十分温馨而舒适的氛围。音乐厅的艺术装饰内部为您在休息时提供了各种各样吸引眼球的东西。⊛维多利亚街（Victoria St）178号·地图L4·416 872 4255·www.masseyhall.com

乔治韦斯顿演奏厅（George Weston Recital Hall）⑨

这个拥有1036个座位的音乐厅既上演国际艺人的演出，又有当地人喜爱的多伦多爱乐乐团和莫扎特合唱团的演出。⊛央街（Yonge St）5040号·地图B1·416 733 9388·www.tocentre.com

格伦·古尔德录音室（Glenn Gould Studio）⑩

CBC，加拿大国家广播公司，在这个小录音室里为广播录制从古典音乐到爵士乐的演奏。这个录音室以著名钢琴家格伦·古尔德的名字命名。⊛前西街（Front St W）250号·地图J5·416 205 555·http://www.glenngouldstudio.cbc.ca

十佳艺术表演团

1. 加拿大歌剧公司（Canada Opera Company）
它是加拿大最大的歌剧制作商，每季上演七部戏剧。

2. 龙蒿剧院（Tarragon Theatre）
这个剧院经常上演加拿大剧作家的创新作品。

3. 泰菲宴乐巴洛克乐团和室内乐合唱团（Tafelmusik Baroque Orchestra and Chamber Choir）
这个合唱团用仿古乐器演唱巴洛克室内音乐。

4. 穿墙人剧院（Theatre Passe Muraille）
这是一家具有先驱精神的剧院，着力表现独特的加拿大艺术之声。

5. 多伦多门德尔松合唱团（Toronto Mendelssohn Choir）
这是加拿大最古老的合唱团，于1895年演出了它的第一场音乐会。

6. 多伦多交响乐团（Toronto Symphony Orchestra）
这个世界闻名的交响乐团演奏的古典音乐深受听众的喜爱。

7. 加拿大演艺公司（The Canadian Stage Company）
这个演艺公司演出包括歌剧在内的国际和加拿大本土创作的文艺节目。

8. 加拿大国家芭蕾舞团（National Ballet of Canada）
这是一家国际著名的演艺公司，以饱满的热情来演出古典芭蕾舞剧，也上演充满活力的新式舞蹈。

9. 多伦多舞蹈团（Toronto Dance Theatre）
这是加拿大最有影响力的舞蹈团之一，他们演出活泼而又有醒目迷人的现代舞剧。

10. 索佩伯尔剧院集团（Soulpepper Theatre Company）
这个剧院上演的节目体现了加拿大人对国际古典艺术作品的诠释。

多伦多十佳——前十名排行榜

参观埃尔金和冬日花园剧场的旅游常年都有，见68页；您也可以访问它们的网站：www.heritagefdn.on.ca

加拿大国家展览会的航空展

孩子们在庆祝加拿大国庆日

十佳家庭活动

1 加拿大国家展览会（Canadian National Exhibition）
这是一个为期18天的娱乐表演，狂热的娱乐场上有65个过山车，还有主题亭子。在那儿表演的演员们各种各样，有音乐家、舞蹈家和耍杂技的人。晚间的烟火和炫目的国际航空展使得世界著名的加拿大雪鸟飞行表演队成为万众瞩目之星。☎展览场·地图A5·8月中旬至劳动节

2 加拿大国庆日（Canada Day）
这是个全民节日，是自1867年加拿大建国以来的周年纪念日。庆祝活动包括内森·菲利普斯广场（Nathan Phillips Square）和皇后公园（Queen's Park）的免费音乐会。☎国庆日时间：7月1日

3 节日大篷车（Festival Caravan）
人们在大都市会展中心（Metro Convention Centre）的一个车顶下庆祝多伦多的多元文化。每个亭子都代表一种不同的文化。展会上展览的有舞蹈、音乐、食物和更多其他的东西。☎大都市会展中心：前西街（Front St W）255号·地图J5·10月·416 585 8134

4 皇家农业冬季展览会（Royal Agricultural Winter Fair）
这个展会是北美最大的室内农业展，以各种各样的农场动物和农产品为特色。此外，展会还有园艺学展览、马术展和其他一些东西的展出。☎展览场·地图A5·11月初

5 多伦多国际嘉年华（Toronto International Carnival）
多伦多国际嘉年华最初是加勒比海大游行，一种当地人庆祝加勒比文化的活动。现在它是北美最大的街头节日，狂欢的人们一边尽情地享受加勒比半岛的风味小吃，一边跟着音乐的节奏舞动。嘉年华的高潮是沿着湖滨大道（Lake Shore Blvd）的游行：穿着民族服饰的跳舞者们把他们的衣服撑起来，跟着活力四射的钢鼓乐队在大花车顶上演奏的索加音乐舞动。☎7月底

嘉年华的服装

6 环球儿童牛奶节（Milk International Children's Festival）
在这个为孩子们准备的自由的节日里，您将会找到丰富的家庭娱乐活动。小家伙们将为节日里的舞蹈、音乐、戏剧和木偶表演而着迷。☎多伦多湖滨中心（Harbourfront）·5月中旬

皇家农业冬季展览会上的马匹展览

几十家顶级餐馆为游客们提供定价的午餐和晚餐菜单（$10~$30）作为多伦多冬季城市节中冬季美食节的一部分

多伦多冬季城市节

多伦多十佳——前十名排行榜

十大节日

1. 开放日活动（Doors Open）
多伦多最有趣、最少见的建筑在此期间向公众开放。5月

2. 自豪周（Pride Week）
自豪周是同性恋文化的庆祝活动，大游行占据了多伦多的大街，是整周活动的高潮。7月末

3. 海滩国际爵士音乐节（Beaches International Jazz Festival）
爵士、蓝调和柴迪科舞曲充斥着自由的大街上空，几十个乐队争着吸引人们的注意力。7月末

4. 多伦多国际作家节（Toronto International Festival of Authors）
许多国际上的顶级作家会来到这里与大家见面和交流作品。10月末

5. 黑人历史月（Black History Month）
在此期间的艺术展、颁奖仪式和电影展都富有庆祝和教育意义。2月

6. 多伦多国际电影节（Toronto International Film Festival）
在北美最重要的电影活动期间，如此多的电影放映和晚会使你累倒。

7. 艺术周（Artsweek）
艺术周为舞蹈、戏剧和可视艺术表演者的常规赛事打开了一扇对外之窗。9月末

8. 多伦多艺穗节（Toronto Fringe Theatre Festival）
多伦多艺穗节为您搜罗一些这个城市最富创意的艺术表演。7月初

9. 独立的舞蹈艺术家艺穗节（Fringe Festival of Independent Dance Artists）
艺穗节上有前卫的表演，从弗拉门科民歌和buthoh舞到现代舞蹈。8月中旬

10. "干杯"：布鲁－约克维尔品酒节（Santé：The Bloor-Yorkville Wine Festival）
酿酒名师和这个城市最好的厨师加入了品酒节的队伍，为游人们提供品酒服务、搭配食物和举办研讨班。5月中旬

7. 多伦多冬季城市节（Toronto Winter City Festival）
这个节日在隆冬季节里持续两周，使人们有许多理由参加户外活动。节日期间有儿童活动、马戏表演、音乐会和烟花表演。很多顶级的旅游景点和餐馆在节日期间都提供特别折扣。1月末至2月

8. 多伦多国际儿童电影节（Sprockets Toronto）
最好的当代和经典儿童电影在多伦多国际电影节的卫星播映室内播放。电影节上展出的故事片和短片适合3岁至18岁的孩子观看。电影制作间为孩子们提供了幕后观看电影制作的机会。4月中旬

9. 多伦多故事节（Toronto Festival of Storytelling）
当讲故事的人在这个城市的各个地点编故事时，各个年龄阶段的人都被邀请去听他们讲故事。这个富有口述传统的多元文化庆祝活动包括免费的和购票参与的活动、研习班和电影展。3月末

10. 多伦多国际龙舟节（Toronto International Dragon Boat Race Festival）
来自世界各地的龙舟队在中央岛（Centre Island）进行比赛。为期两天的龙舟比赛是国际龙舟比赛的高潮，也是亚洲以外最大的龙舟比赛。龙舟节上还有文艺表演、工艺品和食品展。6月末

 欲想了解多伦多国际电影节的具体情况，请拨打416 968 3456，或到宏利大厦（Manulife Centre）一层的订票处去咨询，见77页

安省皇家博物馆

安省科学馆

十佳儿童景点

1 安省皇家博物馆（Royal Ontario Museum）
安省皇家博物馆是为孩子们设计的，是一个真正充满魔力的地方。它是加拿大最大的博物馆，着力于展览可动手触摸的展览品。受大家喜爱的恐龙展馆和木乃伊盒子严格规定不能触摸，但是可动手触摸的生物多样性展馆互动的展品吸引和教育了青少年们。（见8~11页）

2 冰球名人堂（Hockey Hall of Fame）
未来的冰球明星们能在这片体育圣地上测试他们击球和守门的技巧。这片体育圣地不仅能让您在那儿挥动冰球棍，而且拥有更多的冰球纪念品。（见26~27页）

冰球名人堂的标志

3 安省游乐宫（Ontario Place）
这个夏日水上游乐园为孩子们准备了各种各样有趣的活动。滑水梯、脚踏船和非常有创意的任意玩耍游乐场等，真是不胜枚举。（见22~23页）

4 多伦多动物园（Toronto Zoo）
在它们的自然居住地展示动物是多伦多动物园的政策。这个政策是通过主题公园的情境来达到有意义的教育目的。亭子里展示了7个地理区域的450多个品种动物。大面积的户外围墙允许动物在里面自由地漫游。（见91页）

5 安省科学馆（Ontario Science Centre）
在这片以科学为基础的学习游乐场上，您没必要去管束你的孩子。相反，让他们自己掌控那儿的800多件可动手触摸的展品。这些展品包括从体育到医药，从电脑到电器的一切科技产品。（见91页）

6 河谷农场（Riverdale Farm）
这个农业教育中心和农场位于城市的中部，是许多备受人们喜爱的家禽和家畜的栖息之地：猪、山羊、绵羊、马和鸡。农场里梁柱结构油口棚的历史可追溯到19世纪。小朋友们可以抚摸大多数的动物，并且在喂食时间帮着给动物喂食。◎温彻斯特街（Winchester St）201号·地图E3·每日9am-5pm

7 加拿大奇幻乐园（Canada's Wonderland）
这个位于城市北部的游乐园有400处景点，包括50种游乐设施、一个水上公园和很多的现场表演。惊险的游乐设施是为年龄稍大的孩子们准备的，不太惊险的游乐设施是为小朋友们准备的。旺市简街（Jane St，Vaughan）9580·地图A1·5~10月，开放时长不同，请拨打905 832

多伦多动物园

加拿大奇幻乐园里的天空骑士

8131咨询·凭票游玩·www.canadas-wonderland.com

8 湖滨中心 （Harbourfront）

湖滨中心充满童趣的景点和游乐活动使得这个游乐场一直很忙碌。小朋友们尤其喜欢观看在约克码头中心（York Quay Centre）的手工艺品制作室里正在忙碌的工匠，去溜冰场上溜冰（见42页）和听户外音乐会。

9 罗琳·金莎儿童剧院 （Lorraine Kimsa Theatre for Young People）

这个剧院上演孩子们最喜欢的作品。这栋原建筑于1881年建立，其正面是用来做街道拉货马匹的马厩。现在，人们仍然可见它最初的样子。🚇前东街（Front St E）165号·地图M4·416 862 2222

10 中央岛 （Centre Island）

中央岛最美丽的地方要属繁忙的森特维尔游乐园（Centreville Amusement Park）了。那里有30多种老式的游乐设施，包括天鹅游艇、一匹1898年的旋转木马和可供孩子们骑的小马。（见15页）

十佳与孩子们共餐的地方

1 舔舔餐馆 （Lick's）
这儿有极好的汉堡和炸薯条，还有25种风味不同的巧克力。🚇皇后东街（Queen St E）60号·地图B2·416 691 2305

2 韦恩·格雷茨基餐馆 （Wayne Gretzky's）
提供酒吧里食物、儿童的菜单，当然还有用冰球纪念品装饰的就餐环境。🚇蓝鸟街（Blue Jay Way）地图J4·416 480 6234

3 五门以北餐馆 （Five Doors North）
这里有经典意大利空心面和烤肉，餐甜点的分量很大。🚇央街2088号·地图B2·416 480 6234

4 Shopsy's餐馆 （Shopsy's）
这里的热狗和熏肉三明治具有传奇色彩。🚇央街33号·地图L5·416 365 3333

5 Grano餐馆 （Grano）
这是一家高档但充满童趣的餐馆，提供极好的意大利食物。🚇央街2035号·地图B2·416 440 1986

6 妙丽餐馆 （Millie's Bistro）
这家餐馆的儿童菜单以比萨和烤奶酪三明治为特色。🚇大街路（Avenue Rd）1980号·地图B1·416 481 1247

7 Greenjeans 先生餐馆 （Mr. Greenjeans）
餐馆里用非常有趣和新奇的方式为儿童们端上汉堡和热狗。🚇伊顿中心·地图L3·416 979 1212

8 MoMo's餐馆 （MoMo's）
这家餐馆是友好的当地人聚会的地方。餐馆里有中东菜和素食。🚇罗伯特街（Robert St）196号·地图H1·416 966 6671

9 精英咖啡馆 （Le Select）
咖啡馆里的儿童菜单提供地道的法国快餐食物。🚇威灵顿街西侧（Wellington St W）432号·地图H4·416 596 6405

10 老意大利通心粉工厂 （Old Spaghetti Factory）
这家餐馆一直以来都是人们的最爱，是一群人聚餐的好去处。🚇地图L5·416 864 9761

旺市是加拿大奇幻乐园的所在地，位于多伦多以北20英里（32公里）处

教堂街　　　　　　　Cawthra公园的艾滋病纪念碑

十大同性恋聚会点

1. 教堂街（Church Street）

教堂街与韦斯里街的交叉口，也是多伦多同性恋村的中心，几十年来一直是小有名气的同性恋社区所在地。大量的高档酒吧、餐馆和特色商店使得这个地区成了约会的聚集处。您可以看到莱特曼刀具、肌肉发达的男生和男扮女装的男子同性恋者在那儿。位于教堂街519号的519社区中心定期举办社会活动和街区聚会，也提供大量的随时来访活动和短期的咨询服务。地图L1

2. 福轩雅叙餐馆（Fuzion）

美丽休闲的庭院，小巧的鱼塘、灵动的瀑布，再配上舒适的餐厅，所有这一切使得这家餐馆成为了人们就餐时的首选。菜品中和了各种菜系的所长。室内通常会响起爵士乐。偶尔会有电台或电视台的音乐主播造访。晚饭过后，就餐的地方会变成一个俱乐部或休闲聊天室。教堂街580号·地图L1·416 800 1322

好友剧院招牌

3. Cawthra公园（Cawthra Park）

这个大众喜爱的聚会点有长凳和绿地，是一个永久性艾滋病纪念碑的所在地。这块纪念碑于1993年在此落成。纪念碑的柱子上刻有因患艾滋病而失去生命的人们的名字，这是出于满足死者的要求，并且没有区域限制。1995年，人们在那儿增添了一块环球纪念牌，向那些逝去的无名人士表达敬意。教堂街519号南侧·地图L1

4. Slack's餐馆（Slack's）

这是一家有趣又热闹的餐馆。餐馆内的躺椅备受同性恋者们的欢迎，尤其是在周末，异性恋者也常受到热情的接待。电台的音乐主持人经常在周五（复古音乐和放克音乐）和周六（复古音乐和舞蹈）晚上来光顾这里。当马丁尼酒在流淌时，人们又回到这里吃早午餐。教堂街562号·地图L1·416 928 2151

5. 欢乐日同志书店（Glad Day Bookshop）

欢乐日同志书店成立于1970年，是加拿大的第一家同性恋书店。书店里收集了广泛的专业书籍、小说和在其他地方很难找到的书籍，也有生动的图画书和杂志。二层的旧书店值得一看。央街598号A座·地图L1·416 961 4162, 1 877 783 3725

6. 胡迪酒吧（Woody's）

一个制成了标本的犀牛头在这个当地人非常喜爱的地方代表胡迪酒吧欢迎前来就餐的顾客。一张台球桌和不断播放的软调色情录像使顾客

欢乐日同志书店

年度自豪周活动（6月）包括文艺表演、女同性恋者游行和自豪大游行，请访问www.pridetoronto.com 查询详情

们能持续地得到娱乐。一些特别的活动，如大众喜爱的最好胸肌比赛就在隔壁的水手酒吧举行。◎教堂街467号·地图L1·416 972 0887

7 拜占庭酒吧（Byzantium）

这个长廊酒吧的设计完全具有马丁尼风格，主要吸引周末晚饭后来此跳舞的电台音乐主持人。这家时髦的酒吧同时也吸引了同性恋者和异性恋者。私人就餐区用可移动护墙板与酒吧隔离开来。那儿的食物也很棒，尤其是淡菜薯条。◎教堂街499号·地图L1·416 922 3859

8 好友剧院（Buddies in Bad Times Theatre）

这家具有创新精神的剧院公司成立于1979年，是这个城市最古老、最大的另类文化创作演出地。该公司因其有创意的原创作品而出名，它制作的戏剧经常突破艺术传统的限制，有时甚至是行为规矩方面的限制。但是，这正是这些戏剧的真正意义所在。特别的活动包括歇斯底里，一种涉及多种学科为女人庆祝的节日（文胸艺术只是其中的亮点之一）。◎亚历山大街（Alexander St）12号·地图L1·416 975 8555

9 塔鲁拉歌厅（Tallulah's Cabaret）

人们在饭后离开餐桌时，衣服都因扮装秀而弄脏了，非常滑稽。更多精彩内容将在这个表演空间和夜总会上呈现，目的是为了满足周末聚会人群的需求。每逢星期五的晚上，另类摇滚使舞池热闹起来。每逢星期六，舞池里就适合跳舞的流行音乐。塔鲁拉歌厅设在好友剧院里面。◎亚历山大街（Alexander St）12号·地图L1·416 975 8555

10 翰兰角沙滩（Hanlan's Point Beach）

这个隐蔽的湖心岛沙滩是这个城市官方允许的可穿着没有强制规定的唯一区域（在到达南端标志清晰的围墙隔

胡迪酒吧和水手酒吧

离区之前，不要脱衣服）。1999年，翰兰角恢复了它曾在1894年至1930年间拥有的天体浴场地位。这样，裸体主义者和游客们又能再次光着身子享受日光浴了。当水污染程度比较高的时候，沙滩上就会竖上"禁止游泳"的警告。（见15页）◎地图B6

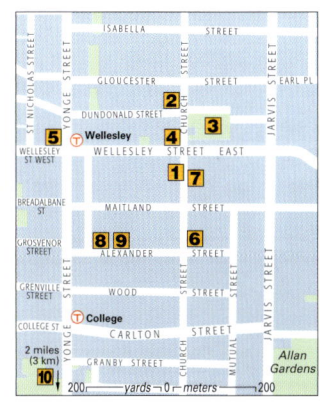

科尔本小巷餐馆　　　　　　　　独木舟餐厅

十佳餐馆

1. 科尔本小巷餐馆（Colborne Lane）

这家现代化、后工业时期风格的餐馆是美食爱好者的圣地。大厨克劳迪奥·阿普瑞尔（Claudio Aprile）是多伦多享有美誉的烹饪大师。他的餐品常常会带给顾客惊喜，是不容错过的美食。《佳肴和美酒》和《康德纳斯旅者》两本杂志分别把科尔本小巷餐馆列为世界上最值得期待的餐馆。🖂科尔本街45号·地图K4·416 368 9009·$$$$

2. 第五层酒吧（The Fifth）

这是一家具有俱乐部风格定位的酒吧（是的，非会员需要花费更多一些）；公务电梯把顾客带到建筑的顶层——第五层，只是为了增加一种独特的地方感。餐馆里的定餐饭菜单以法国经典菜为主，例如：鹅肝酱、鸭胸和海蜇虾。冬天，餐馆里的蜡烛、壁炉和躺椅使餐馆内的东西特别温馨。夏天，您可以尝试坐在屋顶的露台上就餐。🖂理查蒙德西街（Richmond St W）225号·地图J4·416 979 3005·$$$$$

3. 独木舟餐厅（Canoe）

从多伦多道明银行塔（Toronto Dominion Bank Tower）的第54层观看到的美景使得独木舟餐厅成了这个城市最迷人的地方之一。午餐时，成群的商务人员可能会把目光聚集在龙虾俱乐部的奶油三明治上。但是，晚上的气氛肯定更加浪漫。餐厅里菜单的主打菜包括精品加拿大驯鹿和野牛。（见69页）

海星餐厅的一日所获

4. 海星餐厅（Starfish）

鱼类和海鲜是这家低调而又精致的餐厅的特色菜，尤其是牡蛎的种类较多，有20多种。每逢周三，那儿还有法国牡蛎。食物的制作，例如龙虾汤的法式烹饪法，使那儿的汤具有古典的香浓口味，得到了人们的青睐。用餐时请留点胃来享受那儿的甜点吧，味道实在是棒极了。酒单上的酒定价合理，大多来自法国。（见89页）

5. 感觉餐厅（Senses Restaurant）

这家精致的餐厅里有最好的艺术表演，美女配美味，使您所有的感官都活跃起来。大厨Claudio Aprile的拿手菜把亚洲、拉丁美洲和法国的食物元素结合起来，达到了味美宜人的效果。其中，有很多可供素食者选择的菜。餐厅里还提供可口的甜点。🖂威灵顿西街（Wellington St W）·地图J4·416 935 0400·$$$$

感觉餐厅

▶ 欲想了解餐馆的价位，请参见69页

茨多餐馆

茨多餐馆（Chiado）

6 在这儿，您可以吃到这个城市最新鲜的鱼和海鲜。它们都是每天从世界各地的码头空运至此，并烹任成最奢侈的葡萄牙风味食物。酒单上列满了稀有的酒类，那儿的服务员都擅长向顾客解说酒的来源和配菜。试着在具有西班牙塔帕斯风格的Senhor Antonio酒吧里喝几杯酒。这个酒吧就在餐馆温馨的附加厅里，在那儿，更便宜的价格意味着这个城市里最理想的价值。◎学院街（College St）864号·地图A3·416 538 1910·$$$$

Kaji寿司日本餐厅（Sushi Kaji）

7 能干的厨师Mitsuhiro Kaji在这个远西端餐馆创办了这个城市最早的日本料理餐厅。餐馆里有两间个人包间，但是最好还是在有八个座位的寿司酒吧里品味美食，同时还能欣赏戏剧。优质的日本清酒与味道极美、分量充足的寿司、生鱼片和有创意的烹任食物是最好搭配。（见95页）

丽华轩餐厅（Lai Wah Heen）

8 丽华轩餐厅在都会酒店（Metropolitan Hotel）里，有最特别的广东菜。这家两层的餐馆重新定义和更新了经典的中国食物。餐馆里高档的物品有：

银质的筷子垫和圆桌上的浆亚麻布。这些摆设适合大群人聚餐吃饭，有助于用餐的人分享食物（餐馆里也有小桌子）。周日的点心尤其受顾客的喜爱。◎栗子街（Chestnut St）108号·地图K3·416 977 9899·$$$$

Noce餐厅（Noce）

9 这是一家适宜聚会的餐馆，用热情友好的服务为顾客呈上极好的意大利食物。自制的空心面套餐味道极好，烤肉的味道也一样可口。夏天的露台适合户外用餐。◎皇后西街（Queen St W）875号·地图B4·416 504 3463·$$$$

超级夜总会（Ultra Supper Club）

10 这家装修优雅的餐馆在餐馆与夜总会之间达到了非常时尚的平衡。大厨Chris Zielinski的菜单上有很多可供选择的食物，强调菜的季节性和原创性。夏天，您可以在顶层的露台上品味一杯鸡尾酒。◎皇后西街314号·地图C4·416 263 0330·$$$$

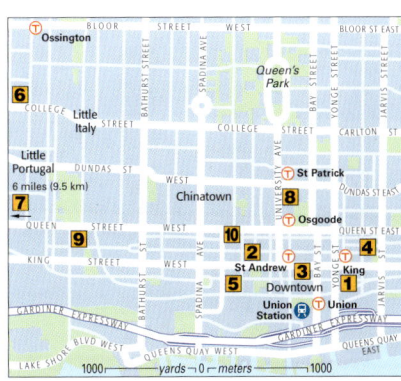

多伦多十佳——前十名排行榜

登录traveldk.com分享游览感受

53

马鞭草法式餐厅　　　　　　湖景午餐馆

十佳早午餐餐馆

1 马鞭草法式餐厅（Verveine）
餐馆的装修看上去令人十分舒适（柔和的灯光和亚麻布饰），食物也非常宜人，有熏三文鱼和块菌烹调的炒蛋和羊三角面包加水煮荷包蛋。（见89页）$$

2 湖景午餐馆（Lakeview Lunch）
您可以悄悄地走进一个具有老式的小餐馆装修风格的小摊，从以鸡蛋和经典汉堡为主打菜的菜单上选择您喜欢的食物。餐馆里还有上好的奶昔。登打士西街（Dundas St W）1132号·地图A4·416 535 2828·$

水果馅饼、"您好"黄油蛋糕卷

3 庭院咖啡馆（Courtyard Café）
这家优雅的餐厅位于神圣庄严的温莎武器酒店（Windsor Arms Hotel）里面，几十年来一直是人们享用浪漫的周日早午餐的最爱。传统的自助餐抱括：三文鱼、定制的煎蛋、烤肉和甜点。圣托马斯街（Thomas St）18号·地图C3·416 921 2921·$$$$

4 "您好"黄油蛋糕卷咖啡馆（Bonjour Brioche）
这家面包房兼咖啡馆两用的餐馆非常受当地人的欢迎，因此您要早点去那儿占座。羊三角面包和黄油蛋糕卷（有好几种口味）就在餐馆里烘焙，新鲜的面包就在您的口里融化。咖啡馆里有极好的三明治。皇后东街（Queen St E）812号·地图F4·416 978 2445·周六不营业·$

5 走廊烧烤屋（Gallery Grill）
多伦多大学的哈特屋（Hart House）（见76页）里新哥特式华丽的装饰确定了这里优雅的基调。烧烤屋里的菜单为这里安静的就餐环境增添了几分活力。这儿有可口的三明治、汤和种类繁多的论杯计价的酒，任您挑选。哈特屋生活圈（Hart House Circle）7号·地图J1·416 978 2445·周六不营业·$$

6 粉珍珠餐厅（Pink Pearl）
这里还保留着从路过的餐车中精选点心，如虾仁、猪肉饺子、牛肉云吞面条、糯米饭和烤猪肉包的中国传统，使得早午餐在这约克维尔餐厅里有节日的气氛。大街路（Avenue Rd）120号·地图C2·416 966 3631·$$

7 杜妮餐厅（Dooney's）
每逢周末，当本地人在这儿排队品尝可口的煎蛋卷、蓝莓煎饼、"samnscram"——一种用熏鲑鱼和葱拌鸡蛋的饼，和浓浓的拿铁咖啡的时候，这个安尼科斯社区的大众餐厅就特别忙碌。一些顾客，其中包括一些作家，沉浸在餐厅友好的气氛中，常在餐桌旁坐上几个小时。布鲁西街（Bloor St W）511号·地图B3·416 536 3293·$

庭院咖啡馆

萨库提餐馆（Xacutti）

8 豆蔻口味的黄油牛奶饼干以及加有香料的炒蛋是这家意式小餐厅早午餐的特色。就餐可享有一份免费的鲜果汁饮料。尽管与正宗的意式美食有所差别，这家餐馆周末提供的早午餐同样值得期待。若在此用晚餐建议提前预订。◎大学路503号·地图B3·416 393 3957·$$$

阿姨和叔叔餐馆（Aunties and Uncles）

9 这是一个十分迷人而选择多样的地方。在蜂拥而来的顾客把所有的比利时华夫饼抢走之前，您最好能赶到餐馆。这儿的汤、沙拉、煎蛋卷和三明治味道非常棒，果汁也是鲜榨的。◎利平科特大街（Lippincott St）74号·地图B3·416 324 1375·$

天鹅餐馆（Swan）

10 餐馆里带有胶木顶的吧台和可回收的就餐亭使这个繁忙的地方充满了20世纪50年代的感觉，但这里提供的绝对是当代风味的食物。炒鸡蛋时拌有熏牡蛎和咸肉，炒菠菜时拌有鳟鱼鸡蛋片。餐馆里有极好的美式咖啡，但是不能免费续杯。◎皇后西街（Queen St W）892号·地图B4·416 532 0452·$$

天鹅餐馆的吧台

多伦多十佳——前十名排行榜

十佳小吃

1 **中国包子（Chinese Buns）**
中国包子是用可口的肉、蔬菜或者甜椰子和红豆沙做馅，蒸出来的面团。趁热吃味道特好。

2 **索瓦兰吉（Souvlaki）**
索瓦兰吉是在烤熟的腌羊肉、牛肉、猪肉或鸡肉串上浇上一层蒜泥希腊沙基奇酱，通常用皮塔面包裹着吃。

3 **沙拉三明治（Falafel）**
沙拉三明治是把油炸的鹰嘴豆球放在皮塔面包做的袋子里，然后在袋子里塞入芝麻酱、洋葱和西红柿。这是一种黎巴嫩特色小吃。

4 **珍珠奶茶（Bubble Tea）**
珍珠奶茶是一种用糖、加香凉茶、牛奶和西米露调制的亚洲风味饮料。

5 **意式冰激凌（Gelato）**
意式冰激凌是用从柠檬到焦糖的各种香料做成的，它比普通的冰激凌更清凉提神，味道更浓。

6 **玉米棒（Corn on the Cob）**
小印度街上的摊贩们用柠檬汁和调味料加在烤玉米上来制作玉米棒。

7 **热狗（Hot Dogs）**
在随处可见的户外手推车上都可以买到热狗、素热狗和香肠。波兰香肠是人们的最爱，香肠上面维有高高的一层各种花色配菜，有腌菜、泡菜和热芥末。

8 **牙买加烤肉（Jamaican Roti）**
牙买加烤肉是用软软的平板面包包着各种各样的馅，从咖喱山羊肉或鸡肉到菠菜和南瓜。您可以任意选择辣酱。

9 **巴西烤鸡肉（Churrasco Chicken）**
巴西烤鸡肉是在鸡肉上加上味道浓郁的葡萄牙辣椒酱，放在火上去烤到熟透，然后用小面包包着或用烤马铃薯拌着吃。

10 **炒栗子（Roasted Chestnuts）**
夏天和秋天，路边的摊贩们都会向路人兜售热腾腾的、用烟熏调料炒的栗子。

 通常只在周末才有早午餐提供；顾客需要提前打电话确定订餐

大道酒吧　　　　屋顶酒吧

TOP 10 十佳酒吧和俱乐部

1 迷恋酒吧（Crush）
当用餐的人们正在点甜食的时候，酒吧里的灯发出暗淡的光，音乐也响了起来。这种氛围正式地把夜幕引入这家餐馆和酒吧。酒吧里有各种精选的美酒，许多都是论杯计价，价格也比较公道。酒吧里的空间极其丰富，有一个非常大的露台与酒吧连在一起。（见67页）

2 屋顶酒吧（The Roof Lounge）
屋顶酒吧位于柏悦酒店（Park Hyatt Hotel）的顶层，汇集了各种有创意的设计，是躲避日常压力的安乐窝。冬天，酒吧里的壁炉和巨大的皮椅吸引着顾客；夏天，顾客们可以从酒吧的平台上观看壮丽的风景。（见80页）

3 总督夜总会（Guvernment）
想要成为夜总会的3000个会员之一，您不一定要穿戴最新的时装。他们都被激光驱动，跳着走向这个娱乐场，并逐渐向中间移动。震耳欲聋的音响设备使人进入梦幻之境，也使夜总会持续到凌晨。五个休息厅为人们提供了一个避开幽暗的错层式舞池，休息片刻的地方。在相邻的Kool Haus酒吧里有音乐会。（见67页）

4 大道酒吧（Avenue）
这家酒吧位于时尚的约克维尔区著名的四季酒店（Four Seasons Hotel）的一楼。酒吧里展示的完全是时尚，您可以在那儿欣赏别人的风格和展示自己的时尚魅力。手巧的服务员会在您的餐桌旁用细小的摇动器为您制作上好的鸡尾酒，一滴酒都不会洒落到地上。在酒吧里，商业巨头们一边寻找合适的包间，一边谈论商业收购。（见80页）

5 卡梅伦之屋（Cameron House）
这个昔日的廉价旅馆前面有一只巨大的"蚂蚁"，象征着不同的酒吧体验。在酒吧还没受到这里演出节目的影响，并在这地出成名之前，这个酒吧致力于推广有潜力的音乐家。周末的晚上，您可以加入动感的酒吧常客，也可以付任何您能支付的价钱，点上您喜爱的乡村音乐。（见80页）

卡梅伦之屋上的蚂蚁雕塑

6 色卡俱乐部（Circa）
占地面积5200平方米。由夜生活的领军人物彼得·加什（Peter Gatien）一手创办。承办艺术展、音乐会及时装秀等活动。世界一流的音乐主播和艺术家经常会在周末光顾该店。（见67页）

总督夜总会

爱尔兰大使酒吧和烧烤屋

十佳欣赏现场音乐会的场所

1 歌剧院（Opera House）
有不同风格的乐队在装饰华丽的舞台口下面表演。那儿有适合各种年龄段的表演和蓝调之夜。皇后东街（Queen St E）735号·地图F4

2 利沃里音乐厅（Rivoli）
这儿可预订最流行且有创意的摇滚乐队的演出门票，使得这个地方多伦多的标志性建筑物。皇后西街（Queen St W）334号·地图H4

3 艾尔·莫坎堡俱乐部（El Mocambo）
最近刚翻新，二层有摇滚乐、民族音乐、乡土音乐和更多其他曲风的音乐会演出。士巴丹拿大道（Spadina Ave）464号·地图H2

4 马蹄铁小酒馆（Horseshoe Tavern）
滚石乐队于1997年在这个庄严的酒馆开始了他们的全球巡回演出。皇后西街（Queen St W）370号·地图H4

5 特灵工作室（The Trane Studio）
可以欣赏非洲、拉美地区的爵士乐。巴瑟斯特街（Bathurst St）964号

6 莱克斯酒店（The Rex Hotel）
酒店内的爵士乐酒吧和布鲁斯酒吧吸引了很多加拿大的顶级音乐人前往。皇后西街（Queen St W）253号·地图J3

7 休之屋（Hugh's Room）
可在这个私人空间里欣赏大众喜爱的民间音乐家演出。登士士西街（Dundas St W）2261号·地图A2

8 丽舞台（Lee's Palace）
这个大胆的酒吧经常举办个性十足的摇滚乐队的演出。登士士西街（Dundas St W）529号·地图B3

9 水库酒吧（Reservoir Lounge）
经常有爵士、布基斯乐和跳跃布鲁斯音乐的演出，还有融合南方风味的料理可供选择。威灵顿东街（Wellington St E）410号·地图L4·周日不营业

10 凤凰音乐厅（Phoenix）
酿酒在全市最好的厨师音乐厅里有摇滚乐队的演出和由DJ主持的主题夜舞会。雪邦街410号·地图M1

7 爱尔兰大使酒吧和烧烤屋（Irish Embassy Pub & Grill）
这是一家用红木装饰的酒吧，酒吧里的凳子和餐桌放置在这栋有历史意义的银行建筑的大理石柱子之间，为喜欢泡吧的人带来了家的感觉。酒吧里的桶装啤酒是食客们不错的选择，还有可口的食物，包括野牛肉汉堡。央街49号·地图L4·416 866 8282

8 轻松和第五层酒吧（Easy & The Fifth）
这家餐厅或酒吧的高顶舞厅满足了25个以上泡吧人的需求。跳舞的人不喜欢牛仔穿着，而钟情于休闲装。一进入酒吧，他们就在长廊酒吧那儿拿上一杯饮料，然后随着R&B与最流行的40首金曲起舞，或者在边房里抽雪茄烟的人们的注视下玩撞球。（见67页）

9 鲁拉酒吧（Lula Lounge）
活泼的乐队和火辣的DJ演奏的都是拉丁曲风的歌曲，从萨萨舞曲到梅伦格舞曲。在演出开始之前，您可以尽情地享受晚餐。如果晚到一点的话，您可以喝些饮料或全力以赴在这儿的舞蹈课和一边享受晚餐，一边观看表演的套餐。（见80页）

10 独木舟酒吧（Bar at Canoe）
独木舟酒吧位于多伦多道明银行塔的54层，这个精致的地方迎合了精明的公司领导和商人（为了能观看安大略湖的壮丽景观，酒吧的面积缩小了）以及当地人和游客的需求。他们在那儿能度过非常特别的一夜。酒吧里有极好的酒、鸡尾酒和啤酒可供选择。（见67页）

多伦多十佳——前十名排行榜

大多数现场音乐会场所是已经注册的酒吧。除非活动是特地为各个年龄段的人准备的，否则只有年满19岁和年龄更大的人才能入场

皇后西街艺术与设计区的路标

唐人街上的新鲜鱼

十佳购物胜地

1 皇后西街艺术与设计区（West Queen West Art & Design District）

当皇后街的艺术家们迁往西部巴瑟特街（Bathurst Street）和格莱斯顿（Gladstone Avenue）大道之间租金更加实惠的地段时，独立的试验艺术长廊和服装店也随之迁移了。这些艺术长廊和服装店展示了时髦的加拿大设计师的艺术。品种丰富的古董、时髦的厨房用具和与众不同的旧式服装店确保您能找到感兴趣的东西。（见76页）

2 皇后西街（Queen Street West）

20世纪80年代早期，由于租金便宜，艺术家们在沿着大学路（University Avenue）和巴瑟特街之间的皇后街的纺织品店住了下来。随后，展示艺术、嘻哈服饰、手工首饰和家居装饰的艺术长廊和商店雨后春笋般地出现了。现在，像本部在蒙特利尔的奥来龙堡（Le Chateau）、嘉普（The Gap）和香蕉共和国（Banana Republic）这样的服装连锁店，当然不会错过在皇后西街开分店的机会。◎地图G4-J4

3 金斯顿市场（Kensington Market）

这个喧闹的市场确实是一块宝地。这里以前是一个犹太人市场，现在主要以出售葡萄牙和西印度群岛的产品为民族特色，充满了浓郁的亚洲和西班牙风情。许多食品店都反映了这种特色，他们卖的货物有树薯、玉米面包、干豆、咸鳕鱼和香料。那儿的水果和素食是整个城市最新鲜、最便宜的。市场里飘来的阵阵熏香和响起的雷电音乐将引导你走进那些灯光昏暗的二手服装店，店里的很多服装都整齐地堆放在维多利亚时期的房子里，是当年哥特人或嬉皮士的时髦服饰。（见73页）

4 多伦多古董中心（Toronto Antique Centre）

多伦多古董中心聚集了20多家古董经营商，是古董爱好者的梦想之地。那儿有许多古董珍宝，等待您去欣赏和购买，其中包括：乔治王时代的银饰、意大利花饰陶器、旧式行李、具有历史意义的军用品、印刷品和地图，以及旧家具。◎国王西街（King St W）276号·地图J4·416 345 9941

古董中心

5 皇后东街（Queen Street East）

皇后东街有20世纪六七十年代的旧式服装、收音机和唱片，以及家具出售，有些东西是出自著名的设计师之手。喜欢这些东西的顾客能在这条选择广泛的街上感受购物节的气氛。或许是受他们邻近的时髦复古设计师们的启发，很多现代家居装饰店和室内装潢公司也在这条街上驻足了。

皇后东街的橱窗

约克维尔街的橱窗

6 约克维尔街（Yorkville）

高档的时装精品店和上好的艺术长廊聚集在这个高档消费区，为讲究穿着和富有的游客提供了他们想要的一切。甚至当地的购物中心海泽顿商店（Hazelton Lanes）都有很多奢侈品商店，如劳斯莱斯（Rolls Royce）经销商和全食超市（Whole Foods Market）。这家超市中令人垂涎但价格昂贵的预制食品诱惑你把野餐篮装满。（见77页）

7 唐人街（Chinatown）

当您沿着士巴丹拿大道（Spadina Avenue）和登打士街（Dundas Street）闲逛时，您会揣摩有异国风情食品的用法，如干虾仁和臭榴莲果。您也会盯着卖出售中的中国家用品、小饰品和中药看，品种特多，令人眼花缭乱。此时，您或许会觉得自己身在中国香港。唐人街是一个花低价钱却能买到与众不同的纪念品的好地方。

8 多伦多伊顿购物中心（Toronto Eaton Centre）

伊顿购物中心的每一端都有一家大型百货公司：海湾百货公司（The Bay）和西尔斯百货公司（Sears）。这片购物绿洲提供各大银行的结算服务，谁都可以找到适合自己品味的东西。数百家商店里商品的范围非常大，有书、高清等离子电视、美食厨具和时装。（见24~25页）

9 圣·劳伦斯市场（St. Lawrence Market）

全球的美食家都认为圣·劳伦斯市场是世界上最好的市场之一。到圣·劳伦斯市场一游是食客们来多伦多旅游的足够理由。市场上大量可供选择的东西有肉、鱼、奶酪、农产品和手工制作的礼品，使得在这儿购物具有独一二的体验。推着食品样品的小贩和街头艺人使市场的气氛更加活跃。频繁的特别活动和节日庆祝活动使市场里气氛更为热烈。当您的双手已满，不能再手拎其他东西的时候，您可以把东西寄存到地下一层西边外面的免费包裹寄存室。（见86页）

10 布鲁街（Bloor Street）

布鲁街位于教堂街（Church Street）和大道路（Avenue Road）之间，街道两边是国际设计师的精品时装店：古琦（Gucci）、蒂芬尼（Tiffany's）、爱马仕（Hermes）、香奈儿（Chanel）、麦丝玛拉（Max Mara）和极好的国产时装店。您可以顺便逛逛这些地方：上好的伯克斯珠宝店；威廉阿什利瓷器店（William Ashley China），一家顶级的瓷器和玻璃制品店；霍尔特—润福入（Holt Renfrew），一家专卖高档衣服的小百货商店；哈利·罗森（Harry Rosen），一家极好的男士服装店，服务非常完美；the Roots 旗舰店，出售高质量的皮革制品和运动服。（见77页）

从海湾地铁站（布鲁街线）的坎伯兰出口出来，便可步入约克维尔区的繁华地带

分区逍遥游

湖滨区与金融区
62~69

市中心
72~81

东部
82~89

大多伦多地区
90~95

多伦多周边
96~103

多伦多十佳

湖滨区码头

约克码头中心的摄影走廊

湖滨区与金融区

湖滨区和金融区的街道将古老与现代巧妙地结合起来。安大略湖畔多伦多市的起源可以追溯到1793年约克堡(Fort York)的建立。随着约克镇从湖边向北发展,一些金融机构也在卑街(Bay Street)和国王街(King Street)扎下根来。如今,现代的摩天大楼与古老的建筑参差交错,点缀着这个区域。古老的演艺剧场,恢复了昔日的辉煌,呈现了丰富多彩的娱乐大餐。

十佳胜景

1. 湖心岛
2. 皇后码头大厦
3. 约克码头中心
4. 罗杰斯中心
5. 多伦多道明中心
6. 加拿大国家电视塔
7. 约克堡
8. 冰球名人堂
9. 安省游乐宫
10. 多伦多音乐花园

迈克尔·斯诺的雕塑《观众》之局部,罗杰斯中心

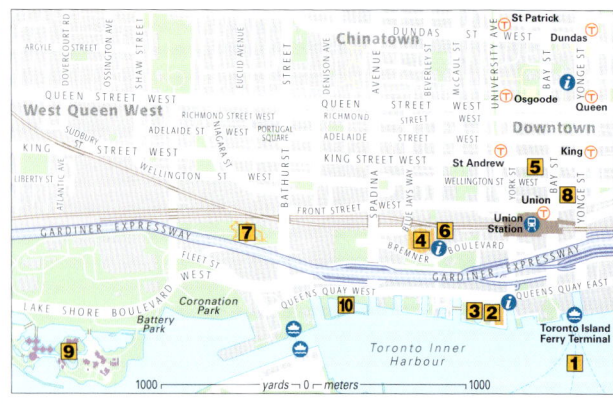

皇后码头大厦

1 湖心岛（Toronto Islands）

湖心岛作为避暑胜地已经超过一个世纪，娱乐休闲的项目从日光浴到孩子们的单车之旅。渡轮起点从卑街（Bay St）的尽头发船；10分钟的越港之行能让您欣赏到无与伦比的市区美景。（见14~15页）

2 皇后码头大厦（Queen's Quay Terminal）

在这个1926年建成的千层蛋糕状的巨大建筑中，遍布着特色商品店，您可以买到当地的艺术品、工艺品、服装、餐具、玩具和巧克力。许多餐馆价钱合理，包括那些带有水景庭院的餐馆。港口的游船就在大厦旁边起锚。◎皇后码头西街（Queen's Quay W）207号·地图K6·416 203 0510·每天10 am–6pm

3 约克码头中心（York Quay Centre）

由仓库改建的约克码头中心有各式各样的娱乐文化活动：展览、表演、滑冰等。游客们可以在手工工作坊欣赏工匠们制作玻璃片和陶瓷，参观4个画廊，逛逛手工精品商店。摄影走廊中陈列了当代加拿大摄影家们的作品。其他的常规节目包括作者读书会、戏剧演出。还有一个可以俯瞰湖水的咖啡馆，冬天它可以变为热门的溜冰场，平日供应清淡的食品和小吃。◎皇后码头西街（Queen's Quay W）235号·地图K6·416 973 4000·周二至周六10am–9pm

4 罗杰斯中心（Rogers Centre）

坐落于国家电视塔底部的这个大型体育馆是多伦多蓝鸟棒球队（Blue Jays）和美式足球队——多伦多英雄队（Argonauts）的主场。1989年建成时，它曾是世界上第一个可全面伸缩顶盖的体育馆，它的闭合只需20分钟。当球队没有活动时，您可以参观馆内的设施，甚至可以"偷窥"一下运动员的更衣室。体育馆外的东北角有一个多伦多艺术家迈克尔·斯诺的雕塑作品，刻画了14个栩栩如生的观众形象。◎蓝鸟街（Blue Jays Way）1号·地图J5·416 341 1707

5 多伦多道明中心（Toronto-Dominion Centre）

这个由6座塔楼组成的建筑群是多伦多最重要的建筑之一（见36页）。建于1968年的多伦多道明银行（Toronto-Dominion Bank）乌黑锃亮的L形钢梁正是其建筑师密斯·凡·德·罗（Mies van der Rohe）（1886—1969）的商标，完美地体现了这位现代建筑大师的

湖滨区

 欲了解罗杰斯中心的体育比赛和音乐会的最新动态，请访问www.rogerscentre.com

理念"少即多"。大厦中的一个环形铜雕——艾尔·麦克威廉姆斯（Al McWilliams）的《墙和椅子》（Wall and Chairs）也与大厦的冷峻遥相呼应。地下是密斯·凡·德·罗设计的独一无二的购物中心。◎国王西街（King St W）55号·地图K4

6 加拿大国家电视塔（CN Tower）

加拿大国家电视塔以1815英尺（553米）的高度雄踞在多伦多市中心，这个伟大最高的独体建筑物绝对是城市的标志。在二楼，您可以参观电视塔建展，然后在互动式屏幕上体验勇敢者的塔顶"蹦极跳"。塔身外的玻璃电梯一分钟之内就可以把您送到四个观景层。如果再花点钱，您也可以到最高的观景台——"天空之盖"（Sky Pod）远眺，那里多伦多道明中心绝对不拥挤。360°旋转餐厅环境幽静，食物精美。（见12~13页）

7 约克堡（Fort York）

1793年英国代理总督约翰·格拉夫·西米柯建立了这座要塞来保卫城市。1812年，在美军入侵上加拿大的战争中，它经历了一场激烈的战斗。这里是加拿大国内最大的1812年战争时期各种建筑的收藏地（砖结构代替了原般的木结构）。修复的古堡中陈列了曾经用过的各式各样的军事用品。身着古装的导游会带您观看军乐表演、士兵换岗演示、步枪射击和士兵操练。◎加利逊路（Garrison Road）100号·地图G5·周一至周五10am-4pm，周六、周日至10am-5pm；维多利亚日至劳动节：每天10am-5pm（需门票）

8 冰球名人堂（Hockey Hall of Fame）

在这座为纪念加拿大最热门运动的博物馆中，冰球迷们会流连忘返地欣赏各种纪念品。无论是守门员的个性化面罩，还是19世纪40年代手工制作的冰刀，无不反映着冰球的历史。您可以和著名的斯坦利杯（Stanley Cup）合张影，也可以在互动式多媒体展厅中体验一下您的冰球技术。（见26~27页）

9 安省游乐宫（Ontario Place）

这个适合全家夏日逍遥的游乐场建在安大略湖畔，确切地说是在湖上。水上娱乐项目包括巨型水滑梯和漂流皮划艇。喜欢安静的游客也可以乘脚踏船在湖中荡漾。一个超大屏幕影院坐落于未来派风格的球体中，每天在高达六层楼的巨型屏幕上放映着题材各异的纪录片：从热带雨林的洞穴到赛车。◎湖岸大道西（Lakeshore Blvd W）955号·地图A5-A6.维多利亚日至劳动节：每日10:30am-8pm（需门票）

10 多伦多音乐花园（Toronto Music Garden）

这座有趣而优雅的花园是著名大提琴家马友友（YoYo Ma）和园艺设计师茱莉·摩尔·梅慈薇（Julie Moir Messervy）及其他多伦多园艺

加拿大抗美战争

1812年6月18日，美国向英国宣战，在接下来的几个月里，底特律、金斯敦高地等地都成了战场。1813年4月，美军袭击约克（今多伦多），占领了城镇，焚烧了议会大厦，毁坏了约克堡。虽然美军赢得了约克堡战役，但他们很快就放弃了这座城市，继续到尼亚加拉半岛作战，战果却不尽人意。后于陷入僵局，英美战争于1812年12月24日结束，并签署了《根特条约》（Treaty of Ghent）。

安省游乐宫的超大屏幕影院

设计师合作的结晶。它的设计灵感来自于巴赫的第一号《无伴奏大提琴组曲》中的六个乐章：阿勒曼舞（Allemade）、库朗舞（Couraute）、萨拉邦德舞（Sarabande）、小步舞曲（Minuet）、吉格舞（Gigue）以及序曲。音乐花园也划分成六个区域，代表着相应的乐章。夏季音乐会通常在郁郁葱葱的圆形剧场举行。◎皇后码头西街（Queen's Quay W）475号·地图H6

艺术之旅

上午

从北方商业庭院（Commerce Court North）（见66页）出发，欣赏一下它富丽堂皇的大堂。步行向西到卑街（Bay St）和多伦多道明中心（TD Centre），参观大厦中的《墙和椅子》（Wall and Chairs）雕塑（见37页），在国王西街77号的草坪上，看看乔·费法德（Joe Fafard）的如同真牛一般大的铜牛（Bronze Cows）雕塑。

转弯到卑街234号设计交易所（Design Exchange）（见66页）倘佯1个小时左右，在一层的"好吃店"（Kubo DX）享用一顿亚洲风味的午餐。

下午

转向威灵顿西街的西米柯公园（Simcoe Park），欣赏阿尼什·卡普尔（Anish Kapoor）的雕塑，也别忘了参观旁边的纪念碑，那是为纪念这个城市的缔造者而建立的。沿街继续西行，经过250号的加拿大广播公司（CBC）时别忘了拜访加拿大古怪的钢琴家格伦·古尔德（Glenn Gould）的塑像。很快，您就能欣赏到罗杰斯中心的名为《观众》的雕像，这是雕塑家迈克尔·斯诺（Michael Snow）刻画的精力充沛的球迷形象（见37页）。

左转到士巴丹拿大道（Spadina Ave），过桥，向左看是埃尔顿·加奈特创作的加拿大铁路华工纪念碑（Eldon Garnet's Memorial）。到湖边还有5分钟的路程，往西就是皇后码头。多伦多音乐花园（Toronto Music Garden）里的鲜花从春天绽放到秋天。在这片绿洲中倘佯一个小时，再往东走15分钟，到约克码头中心（York Quay Centre）去参观工匠们的工作场景，再到摄影走廊（Photo Passage）看看。（见63页）

在海港街60号（Harbour Sixty）的前港口传道会大楼（Harbour Commission）里享用一顿丰盛的牛排大餐，您一天的艺术之旅就这样结束了。

多伦多音乐花园

欲了解多伦多音乐花园的免费夏季音乐会的信息，请致电：416 973 4000

费尔蒙皇家约克酒店　　　　　　　　溪鸣酿酒厂

其余十佳

1 联合车站（Union Station）
建于1921年，但由于法律方面的原因到1927年才开放。这座造型优雅的火车站以一块列举加拿大各站名的雕饰为特色。（见37页）前西街（Front St W）65号·地图K5

2 理查蒙德401号（401 Richmond Street）
多伦多艺术家经营的最好的画廊大都聚集在这座特别的旧日仓库里。展览的开幕式常常在周五晚上或周六下午举行。理查蒙德西街（Richmond St W）401号·地图H4

3 设计交易所（Design Exchange）
在这个艺术馆里陈列着加拿大战后的创意设计品（见34页）。卑街（Bay St）234号·周一至周五：10am-6pm，周六、周日：中午至5pm（特别展览需要门票）

4 多伦多道明因纽特人艺术馆（Toronto Dominion Gallery of Inuit Art）
拥有出色的加拿大战后因纽特人的雕刻收藏品（见35页）。威灵顿西街（Wellington St W）79号·地图K4·周一至周五：10am-6pm，周六、周日：12am-5pm

5 溪鸣酿酒厂（Steam Whistle Brewing）
这个火车圆形库房现在是小型啤酒酿造厂。参观厂里的各种设施，然后在酒吧里直接品尝新酿的啤酒。布雷姆纳道（Bremner Blvd）255号·地图J5·5月至8月：每日中午至6pm；9月至4月：周一至周六：中午至6pm

6 北方商业庭院（Commerce Court North）
它曾是多伦多的摩天大楼之星。这栋34层的罗马风格建筑坐落在加拿大皇家商业银行（Canadian Imperial Bank）之上，1931年建成时，是世界上最高的建筑。今天，从美学角度来看，它仍与周围的塔楼建筑完美融合。国王西街（King St W）25号·地图L4

7 费尔蒙皇家约克酒店（Fairmont Royal York）
这家宏伟的法国城堡式酒店曾经是英联邦最大的酒店，1928年由加拿大太平洋铁路公司修建。（见116页）前西街100号·地图K5

8 加拿大航空中心（Air Canada Centre）
是篮球猛龙队（Raptors）、冰球枫叶队（Maple Leafs）的主场用地，坐落于多伦多邮政大楼的旧址上。正面外墙上的雕刻记录了通信发展的历史。卑街40号·地图K5

9 国家展览场（Exhibition Place）
进入了王子门（Prince's Gates），您就来到了加拿大国家展览场的会场。这里经常举办重大活动，比如皇家冬季农业展（Royal Agricultural Winter Fair）。地图A5

10 发电厂当代艺术馆（Power Plant Contemporary Art Gallery）
是多伦多最杰出的公共当代艺术馆。皇后码头西街231号·地图K6·周二、周四至周日：中午至6pm；周三：中午至8pm（需门票）

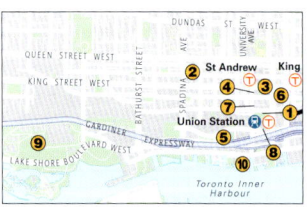

加拿大航空中心体育馆提供一小时的免费参观，欲知详情，请致电：416 815 5982或访问www.theaircanadacentre.com

小麦束酒馆　　　　　　　小牧场酒吧

十佳酒吧、俱乐部

1 迷恋酒吧（Crush）
在这个高大的Hip-hop餐吧中，葡萄酒是主宰。独特的倒酒方式也令人享受。（见56页）◎国王西街（King St W）455号·地图H4·416 977 1234·冬季周日不营业

2 独木舟酒吧（Bar at Canoe）
一边品味着上等的马提尼，一边从摩天大楼的顶层眺望城市，那绝对是令人兴奋的体验。（见57页）◎威灵顿西街（Wellington St W）66号·地图K4·416 364 0054·周六日不营业

3 轻松和第五层酒吧（Easy & The Fifth）
体验一下保镖护送您上五层酒吧的滋味，或是穿过熙熙攘攘的人群进入酒吧二层的俱乐部，在R&B和Top40金曲的伴奏下舞个通宵。（见57页）◎理查蒙德西路（Richmond St W）225号（穿过小巷进入）·地图J4·416 979 3005·周四至周六开放（需门票）

4 书吧（Library Bar）
跻身于费尔蒙皇家约克酒店（Fairmont Royal York）的这个酒吧有种绅士酒吧的氛围。当您品味白兰地时，装点四壁的书柜、皮质沙发更增添了休闲的气息。◎前西街（Front St W）100号·地图K5·416 368 2511

5 小牧场酒吧（The Paddock）
虽然红色的皮质软长椅容易勾起人们对20世纪50年代的怀旧之情，这个酒吧却是植根于21世纪。它供应独创的鸡尾酒和各种生啤。◎巴瑟斯特街（Bathurst St）178号·地图G4·416 504 9997

6 总督夜总会（Guvernment）
这个综合性娱乐场所只在周末开放舞蹈俱乐部，热衷于派对的人们蜂拥至此。但排队等候的人群移动得很快。（见56页）◎皇后码头东街（Queen's Quay E）132号·地图M5·416 869 0045

7 色卡俱乐部（Circa）
不同主题的房间和各类艺术表演形式使得色卡俱乐部在多伦多市享有极高的盛誉。◎约翰街126号·地图J4·416 979 0044（凭票入场）

8 小麦束酒馆（Wheat Sheaf Tavern）
这是多伦多最古老的酒馆，其历史可追溯到1848年。在这里您可以一边享用美味的鸡翅，一边喝着酒欣赏体育节目，还可以玩纸牌游戏。◎国王西街667号·地图G4·416 504 9912

9 球技学院（Academy of Spherical Arts）
在这座高大的、修复一新的台球工厂里，古董台球桌、爽口的啤酒、美味的食会给您带来难忘的体验。◎汉娜大道（Hannah Ave）38号·地图A5·416 532 2782

10 布兰德·豪斯俱乐部（Brant House）
布兰德·豪斯俱乐部修建在旧的厂房之上，是多伦多最优雅、最受欢迎的餐厅和驰放音乐（lounge-dance）俱乐部。◎国王西街522号·地图H4·416 703 2800

注意事项：光顾多伦多酒吧和俱乐部的顾客的法定年龄是19岁以上（包括19岁），没有年龄限制的特殊场合除外

威尔士公主剧院　　　　　　　　　埃尔金剧场

十佳剧院

1 卡农剧院（Canon Theatre）

卡农剧院节目单上的大型音乐剧代替了歌舞杂耍剧。剧院具有20世纪90年代的装饰风格：镶金边的镜子和枝形吊灯，华丽的楼梯和圆屋顶。央街（Yonge St）263号·地图L3·416 872 1212

2 皇家亚历山大剧院（Royal Alexandra Theatre）

皇家亚历山大剧院摆脱了濒临倒闭的境况后，被重新装修成富丽堂皇的艺术殿堂。舞台的吊装布景上绘有精美的壁画。这里主要上演音乐剧和戏剧。国王西街260号·地图J4·416 872 1212

3 威尔士公主剧院（Princess of Wales Theatre）

在这个艺术馆里陈列着加拿大战后的创意设计品。卑街（Bay St）234号·地图K4·周一至周五：10am-6pm；周六、周日：中午至5pm（特殊展览需要门票）

4 首演舞蹈剧场（Premiere Dance Theatre）

当地舞蹈团和外来舞蹈团现代舞的精英们使这个舞台魅力四射。皇后码头西街（Queen's Quay W）207号·地图K6·416 973 4000

5 埃尔金剧场（Elgin Theatre）

埃尔金剧场位于埃尔金和冬日花园剧场中心双层剧院的下半层，1913年建立时是电影院。富丽堂皇的镶金吊装布景是历史珍宝。央街189号·地图L3·订票电话：416 314 2901；参观电话：416 314 2871

6 冬日花园剧场（Winter Garden Theatre）

埃尔金剧场上面的冬日花园剧场名副其实——天花板上5000多片山毛榉树叶在灯光的映照下熠熠闪光。央街189号·地图L3·订票电话：416 314 2901；游览电话：416 314 2871

7 穿墙人剧场（Theatre Passe-Muraille）

从20世纪60年代起，这个双舞台的剧场就开始上演由剧团的演员们创作的作品，成为加拿大创新剧目的领头羊。莱尔森大道（Ryerson Avenue）16号·地图G3·416 504 7529

8 工厂剧院（Factory Theatre）

它是多伦多最古老的建筑之一，上演加拿大剧作家的作品。有许多大师，包括当地的乔治·F.沃尔克（Gorge F.Walker）就是从这里起步的。巴瑟斯特街（Bathurst St）125号·地图G4·416 504 9971

9 布鲁玛阿培尔剧院（Bluma Appel Theatre）

喜欢加拿大演艺公司上演的现代剧的戏迷们，总是使剧院座无虚席。前东街（Front St E）27号·地图L5·416 366 7723

10 罗琳·金莎儿童剧院（Lorraine Kimsa Theatre for Young People）

这家一流的剧院盛产富有新意的、引人思考的儿童剧目。（见49页）

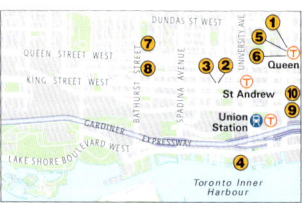

埃尔金和冬日花园剧场游（周四5pm，周六11am，7加元）包括参观歌舞杂耍剧时代的更衣室

消费档次表	
消费档次表包括供一人食用的三道菜、半瓶葡萄酒及其他费用（含税）。	$ 低于30加元 $$ 30–50加元 $$$ 50–80加元 $$$$ 80–110加元 $$$$$ 高于110加元

罗德尼牡蛎屋

十佳餐馆

1 独木舟餐厅（Canoe）
高档的加拿大菜肴，驯鹿和北极红点鲑都是大厨安东尼·沃尔什厨房中的主菜。在54层楼上观风景也是令人叫绝的体验。⊗威灵顿西街（Wellington St W）66号·地图K4·416 364 0054·$$$$

2 拜马克餐厅（Bymark）
城里最新鲜的鱼和奢侈的鹅肝吸引着富有的人。餐厅里有大量的精品加州葡萄酒可供选择。⊗威灵顿西街（Wellington St W）66号·地图K4·416 777 1144·$$$$$

3 捷霍斯基餐厅（Czehoski）
这家皇后西街的餐馆有城里最新鲜的菜谱，虽然有时配料古怪，味道却很独特。这家餐厅最受30岁左右时尚人士的青睐。⊗皇后西街（Queen St W）678号·地图B4·416 366 6787·$$$$

4 马本餐厅（Marben）
厨师克莱格·阿里把拉丁美洲、亚洲美食以及肯琼料理（肯琼料理为移居美国的路易斯安娜州的法国后裔的传统料理）的精髓融入到自己的菜谱中。餐厅配有小型休息室、私人衣帽间以及宽敞的就餐环境。⊗威灵顿西街488号·地图A4·416 979 1990·$$$

5 雨餐厅（Rain）
亚洲元素在这里受到厚待。别致的小瀑布流淌的滴答水声舒缓了大厅里食客们等候的心情。⊗绸缎南街（Mercer St）19号·地图J4·416 599 7246·$$$$

6 河豚餐厅（Blowfish）
这所兴隆的日式餐厅里好吃的不仅是寿司和生鱼片，一些主菜也同样味美，比如鸭子。⊗国王西街668号·地图G4·416 860 0606·$$$

7 罗德尼牡蛎屋（Rodney's Oyster House）
这里品种繁多的牡蛎吸引着食客；烤鱼品种也丰富了菜单。⊗国王西街469号·地图H4·416 363 8105·$$$

8 尼亚加拉街咖啡馆（Niagara Street Cafe）
犹如邻家的用餐环境、有机食物带来的丰富感官享受使人不禁对这个地中海风格的餐馆卧头称赞。⊗尼亚加拉街（Niagara St）169号·地图B5·416 703 4222·$$

9 努德餐厅（Nyood）
餐馆有20种各式西班牙开胃菜，其中包括肉类冷盘及其他当地淋汁美食。⊗皇后西街1096号·地图H4·416 466 1888·$$$

10 朱尔斯餐厅（Jules）
这家餐厅提供地道的法国小餐馆食物，风格独特，物有所值。⊗士巴丹拿大道（Spadina Ave）147号·地图H4·416 348 8386

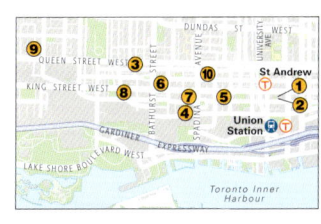

➤ 接下来的两页是天鹅游艇和湖心岛风光

市政大厅　　　　　　　　　　金斯顿市场

市中心

多伦多是各个种族社区的聚集地，每个社区都各有特色，使多伦多成为北美最具多元文化色彩的城市。唐人街上精力充沛的小贩与购物者争夺着人行道的空间；餐馆从外卖小面包到店内盛宴一应俱全。金斯顿市场是城市多元文化的充分体现，这里的牙买加肉饼店、葡萄牙鱼铺与南美洲的肉卷摊鳞次栉比。再往西，以学院街为中心就是小意大利区。与民族大杂烩交织在一起的是市区的核心地带——约克维尔街高级购物中心和许多文化机构，如安省皇家博物馆和安省美术馆。

克拉斯·奥尔登堡的"巨无霸"，安省美术馆

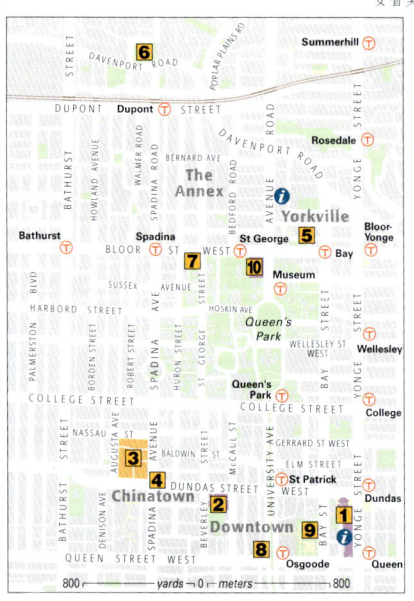

十佳胜景

1. 伊顿购物中心
2. 安省美术馆
3. 金斯顿市场
4. 唐人街
5. 约克维尔
6. 卡萨罗玛城堡
7. 贝塔鞋子博物馆
8. 坎贝尔老屋
9. 市政大厅
10. 安省皇家博物馆

伊顿购物中心的中庭

伊顿购物中心（Eaton Centre）

一个购物中心成为城市的热门景点似乎有些奇怪。但无论如何，这个购物中心还是成为了人们购物、见面、闲逛，甚至"观人"的好去处（有些青少年正是冲着这点来的）。伊顿购物中心有300多家店铺，应有尽有，保证能让您买到称心如意的商品。众多的餐馆、快餐店和专营店也会让您痛快解囊。（见24~25页）

安省美术馆（Art Gallery of Ontario）

安省美术馆收藏着丰富的加拿大古典和当代艺术品，经常举办一些重要的展览，是加拿大的顶级美术馆之一。（见16~17页）

金斯顿市场（Kensington Market）

这个富有特色的市场位于士巴丹拿西街，是多伦多的多元文化中心——来自世界各地的商贩都在这里设立了店铺。狭窄的人行道边挤满了各式各样的商铺，水果、蔬菜、干货等商品琳琅满目；店铺里喇叭的音乐震耳欲聋。行人、骑车人和车辆以蜗牛般的速度缓慢行进，每个人都在为寸土的空间锱铢必较，特别是周六上午是这里最活跃的时候。您可以把车放到一边，来这里的街道上转一转，沉浸在这种气氛中。您可以到鱼摊上查看一下活龙虾的价格，到金斯顿大道南端的小店淘些小饰品和二手服装。（见58页）◎地图H2

唐人街（Chinatown）

中国稳定增长的新移民使多伦多唐人街成为北美最活跃的唐人街。数百间口味纯正的餐馆无论是从口味还是档次方面，都能满足各种层次人们的需要。还有数不清的商铺在出售东方的商品。近些年来，士巴丹拿大道（Spadina Ave）也扩建了，出现了许多越南商店和餐馆。（见38页）◎地图H2-H3

唐人街

约克维尔

约克维尔（Yorkville）

5 20世纪60年代，这里曾是嬉皮士的聚集地和青年文化中心。现在，这个地区成了新的文化中心，并且是这个城市最高档的购物中心。坎伯兰大街（Cumberland St）和约克维尔大街（Yorkville St）、卑街（Bay St）和大道路（Avenue Rd）之间的高档商店出售化妆品、珠宝、定做的时装、古董和皮包等奢侈品。这个地区众多的餐馆和酒吧既能满足人们的食欲，也能满足他们的"花钱欲望"。这里还有20多家画廊，展出国内知名艺术家的作品。路边的咖啡馆是观看路人的绝佳地点。（见38页）·地图C3-D3

卡萨罗玛城堡（Casa Loma）

6 这个宛若中世纪城堡的壮观建筑是为了纪念了亨利·佩拉特男爵（Sir Henry Pellat）独特的品味和眼光。他曾是富有的金融家，1911年他委托有名的建筑师E.J.雷依（E.J.Lennox）修建宅邸。这样大规模的建筑任务在加拿大私宅建设中还是前所未有的：98个房间，12个浴室，5000个电灯，一座电梯。350万加元的造价使亨利爵士与妻子只在城堡里住了10年，就因破产而放弃了此城堡。现在修复一新的豪华房间和奢侈的家具摆设依然记录着昔日的辉煌。（见18~19页）

贝塔鞋子博物馆（Bata Shoe Museum）

7 这个不同寻常的特色博物馆展示了各个时代、世界各地鞋的样式及其功用。博物馆的外形设计也很有趣，像一个漂亮的鞋盒子。它有四个展厅，展示了从罗马时代的凉鞋到埃尔顿·约翰（Elton John）的松糕鞋。中国裹脚鞋的展示可能会让神经脆弱的人受不了。博物馆的创始人是索尼娅·贝塔（Sonia Bata），她踏破铁鞋在世界各地搜罗各种形态的鞋子。博物馆还常常举行一些有趣的主题展览。◎布鲁西街（Bloor St W）327号·地图C3·周二、周三、周五、周六：10am-5pm；周四：10am-8pm；周日：中午至5pm（6月至8月周一开放）

贝塔鞋子博物馆

坎贝尔老屋（Campbell House）

8 这是约克镇（1834年改为多伦多）时期保留至今最古老的房子。这个乔治亚风格的建筑是1822年为上加拿大的法官威廉姆·坎贝尔所建。1972年这个重达300吨的建筑从原址阿德莱德大街（Adelaide St）迁移到现址，经过翻修后向公众开放。屋里有导游解说。◎皇后西街（Queen St W）160号·地图K3·维多利亚日至感恩节：周一至周五9:30am-4:30pm，周六、周日：中午至4:30pm；感恩节至

天然空调

在多伦多炎热潮湿的夏季，安大略湖的湖水有着双重功效。一项创新的计划正在实施：从湖岸5公里外83米的深处用水管将湖水引出，利用湖水的低温来为加拿大市区的高层建筑和大型设施（如：加拿大航空中心）的空调提供制冷能量。能量转化后的湖水并不排回湖里，而是进入城市的供水系统，提供另一项重要的降温功能——作为饮用水使用。

坎贝尔老屋

维多利亚日：周一至周五9：30am-4：30pm（需门票）

市政大厅（City Hall）

市政大厅于1965年建立，是由全球招标而来，设计出自芬兰建筑师威里欧·雷威尔（Viljo Revell）之手。当时这个建筑是非常有争议的，两栋形状弯曲的大楼引起了骚动，甚至导致当时的市长在竞选中失利。从那时起，这个建筑成为城市的重要地标。中间的内森·菲利普斯广场（Nathan Phillips Square）成为生机勃勃的市民生活的象征——既是政治示威的场所，又是冬季溜冰场，夏天还是农贸市场、露天音乐会和庆祝活动的场所。市政大厅内部有精美的浮雕和其他绝妙的艺术品。（见36页）

安省皇家博物馆（Royal Ontario Museum）

这所加拿大顶尖的博物馆拥有500多万件展品，涉及艺术、考古、科学和自然领域。（见8~11页）

市中心漫步

上午

从加丁纳陶瓷博物馆（Gardiner Museum of Ceramic Art）（见76页）开始您一天的行程吧，花90分钟去欣赏那些收藏，参观展览。从博物馆出来的时候，别忘了去礼品店看看那些特色工艺品。

向北走到布鲁街（Bloor St）左转，走半个街区就可以看到安省皇家博物馆（ROM）（见8~11页）旁边的"哲学家小道"（Philosopher's Walk）的铁门。沿着这条迷人的小道漫步，追随着曾经潺潺流过的泰丬小溪，您就来到了霍斯金大街（Hoskin St）多伦多大学的校园（见76页）。往南继续漫步，就是哥特复兴式建筑——哈特屋（Hart House），在这里的走廊烧烤屋（Gallery Grill）吃顿午餐，美味的饭菜与美丽的景色相得益彰。

下午

午饭后，到庄严的哈特屋图书馆和活动室转转，欣赏欣赏那里的画作。也可以到贾斯提娜·M.巴尼克画廊（Justina M.Barnicke Gallery）去看看。从哈特屋向右转，去参观一下大学学院（University College）和校园中其他富有历史意义的建筑物。在雷德劳侧楼（Laidlaw Wing）停下，去参观一下多伦多大学的艺术中心（University of Toronto Art Centre）。（见35页）在南边，国王学院圈（King's College Circle），欣赏爱奥尼亚柱装饰的会议大厅（Convocation Hall）的圆屋顶。大厅是1906年建成的。如果大门没有上锁，您也可以进去看一眼。从这里，只需向南再向西走几个街区就到了唐人街，您就可以在利园酒家（Lee Garden）享用一顿中式大餐了。

周一至周五8：30am-4：30pm您可以到市政大厅自助游，在大厅的咨询台可以自取一份介绍的小册子

皇后西街的时装店

多伦多大学的研究生院大楼

 其余十佳

1 加丁纳陶瓷博物馆（Gardiner Museum of Ceramic Art）
这所博物馆收藏着世界各地古代的和现代的陶瓷制品。皇后公园（Queen's Park）111号·地图C3·416 586 8080

2 皇后西街（Queen Street West）
这个地区有电子商店、先锋艺术画廊，还有很酷的咖啡馆。（见58页）地图A4-B4

3 布鲁街（Bloor Street）
布鲁街是高档购物区，高级时装店和家居装饰店就云集在这里。（见59页）地图C3-D3

4 小意大利（Little Italy）
这里的酒吧、餐馆在晚上热闹非凡，而白天的商店和快餐店也熙熙攘攘。（见38页）地图B3-B4

5 士巴丹拿博物馆（Spadina Museum）
该博物馆建于1866年，现在已修复了原始的面貌。参观老房子收费，花园免费。士巴丹拿路（Spadina Rd）285号·地图C2·1月至4月：周六、周日中午至5pm；5月至8月：周二至周五中午至5pm；9月至12月：周二至周五中午至4pm；周六、周日中午至5pm

6 奥斯古德法学院（Osgoode Hall）
这是安大略的第一家法学院，现在安省的高等法院坐落于此。这所古迹内部的装修富丽堂皇。内有餐馆，价钱合理。皇后西街（Queen St W）130号·地图K3·周一至周五9am-5pm

7 旧市政厅（Old City Hall）
旧市政厅入口处的大柱子上雕刻着当地政治家的漫画像，只有建筑师本人的雕像是正脸。现在这个建筑被当做法庭使用。（见36页）皇后西街（Queen St W）60号·地图K3

8 安尼科斯社区（The Annex）
住宅边郁郁葱葱的街道，活跃的咖啡馆，富有民族特色的餐馆、酒吧，还有布鲁街上的商店，四处走走很不错。（见39页）地图C2-C3

9 多伦多大学（University of Toronto）
校园的绿地和古老的石头建筑在城市中心圈出了很大的一个地带，校园成扇形向北、东展开，西面从皇后公园延伸到布鲁街。最近又新添了后现代主义风格的研究生院大楼。（见36页）地图H1-J1

10 安省议会大楼（Ontario Legislative Building）
这栋庄严的大楼坐落在一个公园内，周围有一些雕像和大炮来点缀它（见37页）。游客可以在回廊中看到议员们的工作状态，还可以参观大楼。皇后公园（Queen's Park）1号·地图K1·维多利亚日至劳动节：每天8:30am-5:30pm；劳动节至五月下旬：周一至周五8:30am-4:30pm

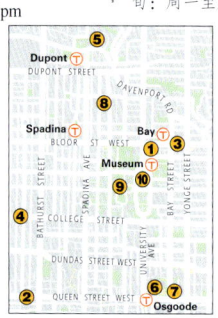

布鲁街的橱窗　　　　　　　　　　罗茨休闲装商店

布鲁街和约克维尔街的十大购物场所

1 威廉姆·阿什利瓷器店（William Ashley China）
这里有精美的水晶、瓷器、餐具、高雅的礼品，专业店员的推荐使您绝不会空手离去。商品用优雅的金纸包装。◎布鲁西街（Bloor St W）55号·地图D3

2 霍尔特购物中心（Holt Renfrew）
购物中心有世界一流的百货商店，以高级时装而著称，也有其自己的品牌服装，并不十分昂贵。还有名牌香水、化妆品、发廊、餐厅、咖啡馆，提供免费的导购服务。◎布鲁西街50号·地图D3

3 海泽顿商场（Hazelton Lanes）
在这个优雅的购物中心从容地购物也是一种享受。这里有雅格狮丹（Aquascutum）、TNT Blu（休闲装）等品牌服装店，Teatro Verde等家饰等。劳斯莱斯专卖店（Rolls Royce）、全食超市（Whole Food Market）提供外带的美食。◎大道路（Avenue Rd）55号·地图C3

4 哈利·罗森男装店（Harry Rosen）
这个高档男装里提供从头到脚的周到服务。它的服装包括众多的世界顶级男装品牌，如康纳利（Canali），波士（Hugo Boss）等。西服、裤子、夹克、衬衫、配饰、鞋等一应俱全。◎布鲁街82号·地图C3

5 大卫商店（David's）
大卫商店是鞋爱好者的乐园，有知名设计师设计的时尚鞋子。◎布鲁西街66号·地图D3

6 帕萨特雷氏超市（Pusateri's）
食品爱好者喜欢这里的高档食品，如烤鹌鹑、鹅肝、鱼子酱、松露和美味的熟食。◎约克维尔街（Yorkville Ave）57号·地图D3

7 行会商店（The Guild Shop）
行会商店里有珠宝、人工玻璃制品、因纽特雕刻和更多出色的安大略工艺品。◎坎伯兰大街（Cumberland St）118号·地图C3

8 宏利大厦（Manulife Centre）
电影院、英œ戈图书音乐连锁店、博克斯珠宝店、松露巧克力店、Bay Bloor Radio音响器材店都会吸引您到这个迷你商厦来逛逛。◎布鲁西街55号·地图D3

9 托马斯·海恩斯烟草店（Thomas Hinds）
这个吸烟者的天堂里有一个雪茄房，陈列着各式各样的雪茄：古巴雪茄、南美雪茄等。还有两个吸烟室可以享用雪茄。这里有世界一流的烟草制品、香烟和烟具等。◎坎伯兰大街（Cumberland St）8号·地图D3

10 罗茨休闲装商店（Roots）
这里有适合家中每个成员的质量上乘的运动服、休闲装和皮具。◎布鲁西街100号·地图C3

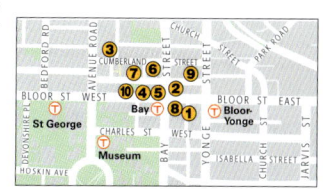

分区逍遥游——市中心

诚实艾迪廉价商店

摩纳哥会馆

市中心十大购物场所

1 世界最大的书店(World's Biggest Bookstore)
由央街上的保龄球馆改装而成。只要有足够的时间,顾客可以沿着12英里(20公里)长的书架浏览各类图书。爱德华街(Edward St)20号·地图L2

2 汤姆购物中心(Tom's Place)
汤姆购物中心欢迎您讨价还价。高级品牌的男女服装都打折。鲍德温街(Baldwin St)190号·地图H2

3 日本纸品店(The Japanese Paper Place)
这里有品种齐全的精美日本纸张,手工制作的文具和别致漂亮的笔记本。皇后西街(Queen St W)887号·地图B4

4 夏季山庄的安省酒类管制局酒品专卖店(LCBO at Summerhill)
这个大型的酒品专卖店坐落在一个昔日的火车站内,存有世界各地品种繁多的好酒:葡萄酒、啤酒、烈酒等。斯克里夫纳广场(Scrivener Sq)10号·地图D2

5 诚实艾迪廉价商店(Honest Ed's)
大量的商品都是以最低价出售,从家居用品到服装都很受欢迎。它也是多伦多的地标性建筑。店内还配有眼镜店、牙科诊所、药房、售票处等。一定要留意一下这个商店的不退货规定。布鲁西街(Bloor St W)581号·地图B3

6 摩纳哥会馆(Club Monaco)
这所会馆1985年始建于多伦多,是一家庞大的连锁零售商店,里面的服装和饰品都极具特色。别致的旗舰店有许多分店。布鲁西街157号·地图C3

7 优慕布拉家居用品店(Caban)
粉色玻璃建筑。出售加拿大前卫、时尚的家居用品。不容错过。约翰街165号·地图J3

8 勇气,我的爱(Courage,My Love)
便宜的特色服装、珠串、珠宝和来自亚洲(包括印度)、南美的小饰品充斥着这个香气缭绕的小店。肯辛顿大道(Kensington Ave)14号·地图B2

9 Comrags时装店(Comrags)
多伦多的乔伊斯·冈豪斯(Joyce Gunhouse)和朱迪·康妮施(Judy Cornish)创立了一个国际品牌Comrags,以带有都市浪漫气息的女装为主。皇后西街654号·地图G3

10 魅可彩妆店(M.A.C.)
进店时,千万不要被涂着黑眼线、一身黑打扮的男女店员吓着!他们可都是经验丰富的彩妆师。他们会为您揭去这个专为时尚业人士设计的产品的神秘面纱,一一介绍这些新潮的、男女皆宜的产品。布鲁西街89号·地图C3

在购物前应先了解商店的退货政策

作品餐厅

十佳餐厅及咖啡馆

1 克莱可餐厅（Cluck, Grunt, and Low）
店内的鸡尾酒、文火烤鸡以及野火鸡冰激凌甜品都是不错的选择。◎布鲁西街（Bloor St W）362号·地图C3·416 962 5050·$$$

2 乔索餐厅（Joso's）
众多的装饰是这个海鲜餐厅的主调。您可以根据当日的推荐点菜。这里的通心粉、意大利调味饭、鱼和肉也都很鲜美。◎达文波特路（Davenport Rd）202号·地图C2·416 925 1903·$$$

3 作品餐厅（Opus）
这家精致的餐厅有城里最好的酒。鱼子酱鞑靼金枪鱼和烤肉最受顾客的欢迎。◎亚瑟王子大道（Prince Arthur Ave）37号·地图C3·416 921 3105·$$$$

4 斯潘蓝帝都餐厅（Splendido）
这家高档的意式餐厅中的小牛肉和杂烩都是顾客的最爱。主菜的鱼也很不错，还有非常好的干酪盘，服务也无可挑剔。◎哈伯街（Harbord St）88号·地图C3·416 929 7788·$$$$

5 精英咖啡馆（Le Select）
这家咖啡馆里有经典的法式小咖啡馆食物：洋葱汤、豆焖肉等，价格合理。食客们可以从挂在桌子上方的小篮中自取面包。◎威灵顿西街（Wellington St W）328号·地图H4·416 96 6405·$$$

6 皇太后咖啡馆（Queen Mother Café）
餐馆以泰国菜和老挝菜为主，墙上挂着皇太后的照片。您可以选择幽静的餐位或是后花园的餐位。甜点很棒。◎皇后西街208·地图K3·416 598 719·$

7 咖啡磨房餐厅（Coffee Mill）
这家置身于商厦中淳朴的匈牙利餐馆是约克维尔区的必去之处。它供应菜炖牛肉汤、维也纳肉片、自制甜品和绝佳的浓咖啡。◎约克维尔街（Yorkville Ave）99号·地图C3·416 920 2108·$

8 西街7号咖啡馆（7 West Café）
咖啡馆内的壁炉和众多的小隔间营造了温馨的气氛。有时这里也会很拥挤。供应：沙拉、三明治、意大利面和甜品。◎查理斯西街（Charles St W）·地图D3·416 928 9041·$

9 990号咖啡馆（Bistro 990）
法国乡土气息的菜肴是这个浪漫小馆的特色。酒品不错，另外在这里见到名人的几率也不小。◎卑街（Bay St）990号·地图K1·416 921 9990·$$$$

10 调色板咖啡馆（La Palette）
这个波西米亚风格的咖啡馆以货真价实的法国菜吸引着食客。特色菜鲜嫩马肉可以使胆大的食客一饱口福。◎奥古斯塔大道（Augusta Ave）256号·地图H2·416 929 4900·$$$

所有的餐馆都接受信用卡，并可以提供素食

贝德福德学院　　　　　　　　　　"这是伦敦"俱乐部

十佳酒吧及俱乐部

1 C-Lounge酒吧（C-Lounge）
酒吧里设有的温泉、别致的天井吸引了许多熟客，客人们喜欢喝着鸡尾酒，在水池边的小屋懒洋洋地躺着。◎威灵顿西街（Wellington St W）456号·地图H4·416 260 9393

2 "这是伦敦"俱乐部（This is London）
这个高档俱乐部实行"牛仔裤免进"的规定，迎合年轻的白领一族。女洗手间内还配有一个全职的化妆师。◎理查蒙德西街（Richmond St W）364号·地图J4·416 351 1100

3 大道酒吧（Avenue）
一天的购物结束后轻松一下，或是从疲惫的钻营中解脱出来，到这个别致的酒吧喝杯鸡尾酒或夏散埃酒。大道酒吧也是观"人景"的好地方。◎大道路（Avenue Rd）21号·地图C2·416 964 0411

4 屋顶酒吧（The Roof Lounge）
您可以在18层的阳台上找个座位观景，或是在酒吧内的火热气氛中欣赏调酒师的表演。◎大道路4号·地图C2·416 324 1568

5 鲁拉酒吧（Lula Lounge）
性感的莎莎舞曲会使您不由自主地摇摆起来，而朗姆鸡尾酒则会松弛您的神经。◎登士西街（Dundas St W）1585号·地图A4·416 588 0307（需门票）

6 卡梅伦之屋（Cameron House）
和当地的朋友一块到这个装饰稀松平常、音乐却很棒的酒吧来转转吧。"王子"等名人有时会光顾此地。◎皇后西街408号·地图H3·416 703 0811（偏厅演出需门票）

7 全景酒吧（Panorama）
这个酒吧的室外就餐处位于宏利大厦（Manulife Centre）的51层，恐高者可能无法享受。它是城里最高的酒吧，绝佳的风景尽收眼底。鸡尾酒的价格较昂贵。◎布鲁西街（Bloor S W）55号·地图D3·416 967 0000（需要门票）

8 贝德福德学院（Bedford Academy）
这里有18种生啤可随时享用，鸡尾酒的价格也不高，还有电视可以观赏体育节目；夏季的天井也很美丽。难怪是附近多伦多大学的学生最喜欢光顾的地方。（见76页）◎亚瑟王子街（Prince Arthur St）36号·地图C3·416 921 4600

9 Souz Dal酒吧（Souz Dal）
新潮的顾客喜欢在这个烛光小屋中伴着放克音乐（Funk）的节奏，品味各式马提尼酒。墙上的挂件和圆屋顶带有中东的风格。酒吧里的小型"天井"为这个小酒吧增添了几个座位。◎学院街（College St）636号·地图B3·416 537 1883

10 德雷克酒吧（The Drake Lounge）
靠在壁炉边舒服的沙发上，看看店内的装潢，听听生鲜吧台叫卖牡蛎的声音。还可以到地下室去欣赏音乐和现场表演。◎皇后西街1150号·地图A4·416 531 5042

消费档次表	
消费档次表包括供一人食用的三道菜、半瓶葡萄酒及其他费用（含税）。	$ 低于30加元 $$ 30～50加元 $$$ 50～80加元 $$$$ 80～110加元 $$$$$ 高于110加元

寿司之岛餐厅的生鱼片及寿司卷

TOP 10 十佳民族特色餐饮

1 印度米饭工场（Indian Rice Factory）

这里的饭菜具有印度北部的饮食风味，鹰嘴豆和土豆炸鲜蔬、辣咖喱肉和其他的咖喱美食会让许多食客大饱口福。◎杜邦街（Dupont St）414号·地图C2·416 961 3472·$$$

2 哈伯93餐馆（93 Harbord）

这家中东特色的餐馆菜单经常更新。其中一道菜叫做musakhan非常有名。成分有鸡肉加洋葱、橄榄油、松树子、调味料等，再配上阿拉伯面包制成。◎哈伯街（Harbord St）93号·地图B3·416 922 5914·$$

3 林荫大道咖啡馆（Boulevard Café）

这是城里最古老的秘鲁餐馆，供应烤肉和上好的海鲜特色菜。楼上的酒吧提供小吃拼盘和各种饮品。夏天在宽大的院子里喝上一瓶桑格利亚汽酒，必能消夏解暑。◎哈伯街161号·地图C4·416 961 7676·$$$

4 利园酒家（Lee Garden）

这家粤菜馆的炒面、烤猪肉、新鲜的海鲜和蔬菜味道都很美。◎士巴丹拿大道（Spadina Ave）331号·地图H2·416 593 9524·$

5 班雅印度餐厅（Banjara）

餐厅主打印度特色。特色美食包括柠檬蛋挞、新鲜烘制小茴香。◎布鲁西街（Bloor St W）7966号·地图B3·416 963 9360·$

6 韩国屋餐厅（Korean House）

这家餐厅位于多伦多韩国城的中心，是家庭式餐厅，烹制传统的韩式菜肴：韩国泡菜以及鱼、肉等主菜。您可以尝尝特别的韩国米酒或水果、蔬菜味的蒸馏酒。◎布鲁西街（Bloor St W）666号·地图B3·416 536 8666·$$

7 约翰的意大利咖啡馆（John's Ialian Café）

这家咖啡馆温馨、诱人，有个很棒的庭院，供应意大利经典美食：比萨、汤团、意大利面条。◎鲍德温街（Baldwin St）27号·地图J2·416 596 8848·$

8 寿司之岛餐厅（Sushi Island）

这个可爱的日式餐厅吸引全城的寿司爱好者蜂拥至此的原因，恐怕是这里有最新鲜的生鱼片。◎学院街（College St）571号·地图B3·416 535 1515·$

9 外交官咖啡馆（Café Diplomatico）

这家咖啡馆位于小意大利区，它的天井是顾客必去的地方（见38页）。餐馆的菜单上有意大利饺子、比萨和意大利面条，但许多人还是喜欢在这里观"人景"。◎学院街594号·地图B3·416 534 4637·$

10 春卷餐厅（Spring Roll）

这个南亚风格的餐馆是节俭人士的最爱。越南牛肉粉、泰式咖喱饭以及油炸食物都物美价廉。◎央街693号·地图D3·416 972 7655·$

分区逍遥游——市中心

所有的餐馆都接受信用卡，并可以提供素食

圣·劳伦斯市场的蔬菜

希腊街的人行道

东部

多伦多东部是一个对照鲜明的地区。城里一些最古老辉煌的建筑依然伫立在贾维斯街（Jarvis St）和雪邦街（Sherbourne St）上。虽然其中的许多老房子早就被废弃了，但在近几十年间，它们经过了翻修和移区得以重见天日。椰菜镇（Cabbagetown）也是如此。原来它是爱尔兰移民中工人阶层的聚居地，维多利亚时期的排屋和村舍已经转变成城市白领的高档居住区。这个区域有很多名胜古迹，鲜活的街区生活贯穿了多伦多东部：教堂街（Church Street）活跃的同性恋村，希腊人和马其顿人的聚居地希腊街（希腊街）（The Danforth），劳伦斯市场的新鲜食物。在南边，一个维多利亚式建筑群落变成了古酿酒厂区（Distillery Historic District），是城里最新的购物区和娱乐的好去处。

爱恩斯利玻璃艺术展室的玻璃作品

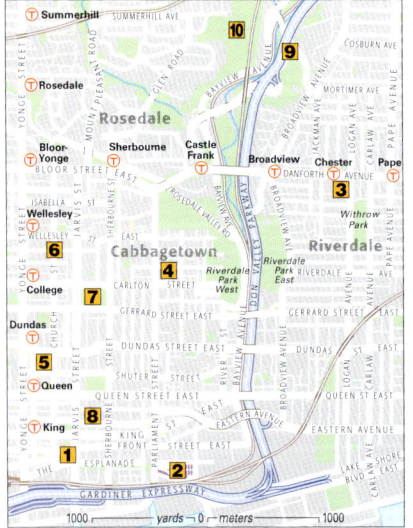

十佳胜景

1. 圣·劳伦斯市场
2. 古酿酒厂区
3. 希腊街
4. 椰菜镇
5. 麦肯齐老屋
6. 教堂街
7. 爱伦温室花园
8. 多伦多第一邮政博物馆
9. 托德摩登磨房博物馆
10. 顿河谷砖厂遗址

椰菜镇的小屋

1 圣·劳伦斯市场（St.Lawrence Market）

农夫们每周日在北市场的摊位上出售新鲜的农产品和烤制的食物，许多是有机食品。在周二至周六开放的充满活力的南市场，商贩们供应各种食品应有尽有：新鲜的面包、海鲜、肉、乳酪等。南边的建筑物是19世纪中后叶的市政大厅。（见86页）⊙地图M4

2 古酿酒厂区（Distillery Historic District）

这个维多利亚时代的工业区现在成为城里最有趣、最独特的地区。这里只有鹅卵石铺成的步行街，街边的旧仓库和老工厂保留至今并修复成房屋咖啡馆、餐厅、表演场地和特色商店。（见20~21页）

3 希腊街（The Danforth）

1918年爱德华王子将希腊街与市中心连在一起，一直延伸到顿河谷大街。自20世纪50年代起，希腊街就成为希腊人和马其顿社区的家园。在8月初长达一周的希腊美食节上，游客们可以享用美味的自助餐和欣赏生动的娱乐表演。⊙地图F3

4 椰菜镇（Cabbagetown）

椰菜镇是多伦多最古老的一部分，可以追溯到19世纪40年代。这个区域一直到20世纪70年代还是工人阶层的社区。许多小屋和维多利亚式房屋已经被翻修，成为高档住宅，是观光的好去处。在河谷公园（Riverdale Park）的东边是河谷农场。穿过街道在大墓地（Necropolis Cemetery）有一个建于1872年的小教堂，是哥特复兴时代的一块珍宝。椰菜镇的北端是多伦多最古老的圣詹姆士公墓（St.James Cemetery），有许多漂亮的坟墓。（见38页）⊙地图E3-E4

5 麦肯齐老屋（Mackenzie House）

这栋希腊复兴风格的排屋建于1858年，曾是多伦多第一任市长威廉姆·里昂·麦肯齐（William Lyon Mackenzie）的住宅。他在1837年领导上加拿大叛乱失利，却获得赦免，最后返回此地。现在这里已成为博物馆，有一个娱乐性的图片社和一个经常变换展览的画廊。曾经谣传说这里闹过鬼。⊙邦德街（Bond St）82号·地图L3·1月至4月：周六、周日中午至5pm；5月至9月：周二至周日中午至5pm；10月至12月：周二至周五中午至4pm，周六、周日中午至5pm（需要门票）

麦肯齐老屋

1987年，迈克尔·翁达杰（Michael Ondaatje）的畅销小说《披上一块狮子皮》对爱德华王子高架桥的建造过程有所记录

6 教堂街（Church Street）

教堂街从卡尔顿街（Carleton Street）延伸到韦斯里街（Wellesley Street）的北部，是多伦多男女同性恋村的中心，一天到晚都热闹非凡。酒吧和餐馆迎合这个特殊人群的需要。总的特色的服装店比皆是。总的感觉就是同性气息很浓、很傲气。难怪加拿大著名的电视连续剧《同志亦凡人》（Queer as Folk）都是在多伦多制作的，其中许多场景就是在教堂街取景的。您在街边的大部分商店里，都可以拿到一份免费的双周刊报纸Xtra。这份报纸登载了与这个村落所有的相关信息。地图L1-L2

7 爱伦温室花园（Allen Gardens）

这个大花园也体现着市区东部的矛盾性，它既华丽又粗糙。您最好白天去参观这个花园。这个花园于1860年开放，是由6个玻璃温室花房组成的综合体，每个花房体现不同的气候区域，1910年才建完。温室内品种繁多的常青及落叶植物，奇花异草令人赏心悦目。地图M2

8 多伦多第一邮政博物馆（Toronto's First Post Office）

这个仍在营业的邮局博物馆于1833年开放，是加拿大硕果仅存的大英帝国时代的邮局。在这里，您可以用鹅毛笔写封信，然后盖上特别的"约克-多伦多1833年"的章。邮局内有一个19世纪30年代多伦多的地形模型、仿古式家具、19世纪的墨水复制品和封蜡。一个小型图书馆藏有与邮政相关的档案材料，只对预约者开放。自助游游客可免费参观博物馆。阿德莱德东街（Adelaide St E）260号。地图M4。周一至周五9am-4pm；周六、周日10am-4pm

爱伦温室花园的暖房

顿河

顿河是由加拿大代理总督约翰·格拉夫·西米柯（John Graves Simcoe）根据英国约克郡一条小溪的名称而命名的。顿河是城市中的自然标志之一，顺着市区的东部流入安大略湖中。河流和深谷在城市中留下深深的印记。随着河水在工业中的利用，水的质量也逐渐下降了，特别是河的南端——蜿蜒曲折的河段向右急转处。最近，"自然化工程"（Naturalization Projects）开始启动，旨在通过努力，恢复顿河河谷的生态环境。您可以一连几个小时在城市中心沿着顿河长长的绿化带上的自行车道远足或骑车，几乎见不到文明的迹象。

9 托德摩登磨房博物馆（Todmorden Mills Heritage Museum & Art Centre）

18世纪末期的建筑收藏组成了这个综合博物馆，使人感觉置身于历史的村落中。许多都是原始工业建筑的典范，造纸厂等建筑星罗棋布。1797年的泰瑞小屋（Terry Cottage）和19世纪80年代的海里威尔之家（Helliwell House）都已经修复，装饰着仿古家具。1881年的顿河火车站会让火车迷

多伦多第一邮政博物馆

托德摩登磨房博物馆

们兴奋不已。酿酒厂展览陈列了许多与之相关的物品。春天在野花区绽放着延龄草的三瓣花；草丛间的小路为自然爱好者提供了观察野生动植物的机会。⊕陶器路（Pottery Rd）67号·地图F2·综合博物馆：5月至9月：周二至周五11am-4:30pm；周六、周日12am-5pm·庭院：全年开放

10 顿河谷砖厂遗址（Don Valley Brickworks）

大烟囱是曾经辉煌的工业中心的一个历史遗迹。这家工厂建于1889年，专门黏土生产砖头供本地建筑使用。100多年后，采石场回归自然，成为一个有池塘、草地的公园。（见40页）⊕湾景大道（Bayview Ave）550号·地图E2

椰菜镇漫步

上午

您将在议会大街519号的喷气燃料咖啡馆（Jet Fuel）喝杯浓咖啡，开始新的一天。在咖啡提神之后，右转向北走到韦斯里大街（Wellesley St），再右转，向东走，去欣赏那些迷人的维多利亚式建筑。请留意314号建筑上的动物和脸庞的雕刻。之后，您再去探寻那些向北延伸的小巷，到韦斯里屋（Wellesley Cottages）看看，这是一个包括7个尖顶屋的庭院，隐身在街的后面。在韦斯里街的尽头，您可以到韦斯里公园转转，欣赏顿河谷对面的景色。回到韦斯里大街，向左转到漆树街（Sumach St），欣赏椰菜镇的迷人建筑。请留意420-422号的帝国风格建筑（建于1886年），404-408号的英式小屋。左转到温彻斯特街（Winchester St），加拿大最古老的无宗派墓地——大墓地（Necropolis Cemetery）就在左边。到那里的小教堂（Chapel）去看看，欣赏一下美丽的彩色玻璃。

下午

从温彻斯特大街返回议会大街（Parliament St），左转到卡尔顿街，去243号的小镇烧烤屋（Town Grill）吃顿午饭。饭后，继续到这一带的梅特卡夫街、索尔兹伯里街和萨克维尔街漫步，然后向东走到河谷公园（Riverdale Park）和河谷农场（Riverdale Farm，见48页）。公园的西北角过街，有一个可爱的温彻斯特咖啡馆，餐馆从侧面的窗户分发小吃。

南市场 　　　　　　　　　　　北市场的室外摊贩

圣·劳伦斯市场十佳

1 南市场（South Market）
1844年开放时，南市场是多伦多市的第二市政厅。当时一层有个警察局，地下室有监狱。如今，这里坐落着一个生机勃勃的市场，出售最美味、最新鲜的肉食、奶酪、农产品和面包。◎前东街（Front St E）91号·周二至周四：8am-6pm；周五：8am-7pm；周六：5am-5pm

2 北市场（North Market）
您可以直接从种植水果、蔬菜和香草的农民手里买到新鲜的产品，包括有机食物和自制食品。◎前东街（Front St E）92号·周六：5am到下午

3 室外摊位（Outdoor Stands）
北市场外的人行道上到处都是农产品和鲜花的摊位，使得周六的市场更加喧闹。要想买到更好的商品，最好一大早就来。

4 多伦多元（Toronto Dollars）
在南市场的商亭中用加元兑换多伦多元，这里的大部分商家都接受这种货币。每块钱中的10%都捐给当地的工程计划。

5 蒙特利尔面包圈（Montreal Bagels）
当地人非常喜欢位于南市场的St.Urbain面包房里颇有嚼头的面包圈。这种正宗贝果面包圈是将面团揉成环状，先在热水中稍煮一会，再到烧柴的炉子上进行烘烤。它们是加拿大法语区蒙特利尔人的最爱。

6 阿历克斯牧场（Alex Farms）
阿历克斯牧场是奶酪爱好者的天堂，在南市场，出售各式各样的奶酪，从法国硬干酪到味道浓重的蓝奶酪，还有很好的生鲜奶酪可供挑选。

7 街头艺人与手工艺匠人（Buskers and Craft-Sellers）
活跃的街头活动是周六市场的魅力之一。街头艺人娱乐大众，而工匠们则在南北市场的外面现场制作手工艺品。

8 豌豆咸肉三明治（Peameal Bacon Sandwiches）
这种三明治具有典型的加拿大风味，南市场的旋转木马面包房（Carousel Bakery）里出售各种豌豆咸肉馅的凯撒面包。

9 市场画廊（Market Gallery）
有关多伦多历史的艺术品和摄影作品在南市场二层的旧会议室免费展出，分主题展览。从二层的大玻璃窗往外俯瞰市场，又有另一种风味。◎周三至周五10am-4pm；周六：9am-4pm；周日：中午至4pm

10 圣·劳伦斯市场（St. Lawrence Market）
市场的北面，在贾维斯街（Jarvis St）和国王街的交会处，有一幢宏伟的维多利亚式建筑，是拥有石头雕刻和铸铁装饰的珍品。这个大厅建于19世纪50年代，用来举行盛大的公共聚会，现在成了私人财产。

市场附近有一些付费的停车场，最近的两个是：前街南侧的贾维斯街（Jarvis St）和艾斯普拉奈得街（Esplanade St）南侧的市场街

李雷欧潮流店

埃塞尔家具店

十佳东部购物场所

1 苏菲内衣店（Sophie's Lingerie）
苏菲内衣店是以服务体形较为丰满的女性为特色，包括高级内衣品牌蕾丝彼（Lejaby）和罗贝拉（La Perla），有多种颜色和性感的款式可供选择。❖希腊街（Danforth Ave）527号·地图F3·416 465 7649

2 厨师之家（The Cook's Place）
从铜锅、新潮小器具、硅制烘焙用具到日本刀具，这个商店拥有美食家厨师所需的一切。❖希腊街488号·地图F3·416 461 5211

3 Carrot Common健康品店（Carrot Common）
有机食品和天然护肤品爱好者喜欢到这里购物。这家店由17个商铺组成，专卖环保的健康产品。您还可以尝尝这里各式各样的食物样品。❖希腊街320号&348号·地图F3·416 466 2129

4 索玛巧克力店（Soma Chocolate）
这是巧克力行家宠爱的商店。您可以尝尝诱人的蜜饯或喝上一杯热气腾腾的玛雅热巧克力，闻闻迷人的香气。❖磨房街（Mill St）55号48楼·地图E5·416 815 7662

5 李雷欧潮流店（Lileo）
这是一家集时装、健康、心灵自我发现等元素为一体的商店，出售瑜伽服、印度阿育吠陀润肤露乳液、手提包、图书、CD和限量版运动鞋。内设一个果汁吧，生鲜食物的菜单会有效地抑制你的食欲。❖磨房街55号35楼·地图E5·416 413 1410

6 掌声音响店（Applause）
这里出售高端的高保真音响。想要购买二手音响，店主——音响大师罗勃（Rob）会给您个公道的价格。❖皇后东街（Queen St E）758号·地图F4·416 465 7649

7 埃塞尔家具店（Ethel）
优雅的柚木餐柜和餐桌，玻璃和亚克力咖啡桌，还有不错的20世纪六七十年代的产品，价钱合理。❖皇后街1091号·地图F4·416 778 6608

8 菲斯顿家居礼品店（Feston）
购买家居礼品的好去处。可以买到来自世界各地的独特、好玩的宝贝。❖皇后东街1101号·地图F4·416 461 4495

9 克里斯塔普森斯食品店（Kristapsons）
用独家秘方薰制的冰镇太平洋薰鲑鱼是这个商店的唯一商品，但您绝不会失望！顾客们评价它是世界上最好的薰鲑鱼。❖皇后东街10915号·地图F4·416 466 5152

10 亨利摄影器材店（Herry's）
这里有摄影用品大全：从最新的数码相机到老式的徕卡镜头，还有胶卷、电池、相纸等摄影必备品和相片冲洗服务。懂行的店员会是您的好帮手。❖教堂街（Church St）119号·地图L4·416 868 0872

多拉基奥爱尔兰酒吧

杰米·肯尼迪餐馆

十佳酒吧

1 康索特酒吧（Consort Bar）
您可以在皇家美丽殿酒店（The Royal Meridien Hotel）极有品味的康索特酒吧里品尝上等的威士忌酒和调酒师巧妙混制的鸡尾酒。●国王东街（King St E）37号·地图L4·416 368 1300

2 贝蒂酒吧（Betty's）
这个酒吧气氛温暖，当地人喜欢来这里。酒吧提供鲜榨的生啤、美味的食物（汉堡、蒙特利尔熏肉小面包）、台球。酒吧里还有个不错的天井。●国王东街240号·地图M4·416 368 1300

3 巴瑞欧酒吧（Barrior）
酒吧里有烛光、轻柔的音乐，配有好酒和小份的美食。（餐前小吃类型）●皇后东街（Queen St E）896号·地图F4·416 572 0600

4 "这是什么"酒吧（C'est What?）
这家酒吧有45种小型酿酒场的生啤，包括纤维酿、黑麦酿、咖啡酿等种类，专为此酒吧酿制。这儿的菜肴具有民族特色。●前东街（Front St E）67号·地图L5·416 867 9499

5 爱尔兰大使馆酒吧烧烤（Irish Embassy Pub and Grill）
您可以坐在舒服的软长椅上，品着酒或品尝爱尔兰风味的美食。高高的天花板和大窗户使酒吧的透气性很好。●央街49号·地图L5·416 866 8282

6 多拉基奥爱尔兰酒吧（Dora Keogh）
这是一个重建的19世纪90年代的爱尔兰酒吧，壁炉温暖了每个角落。有各种各样的啤酒和威士忌。酒吧里有时会有爱尔兰音乐的现场表演。●希腊街（Danforth St）141号·地图F3·416 778 1804

7 艾伦酒吧（Allen's）
酒吧里有种类繁多的啤酒和烧酒，加上极棒的凯尔特音乐表演，气氛温馨。●希腊街143号·地图F3·416 463 3086

8 帝国公共图书馆（Imperial Public Library）
常客、学生和怀旧者喜欢光顾这家朴实无华的圆形酒吧。自动唱片点唱机里播放着大爵士乐团的金曲。●希腊东街58号·地图L3·416 977 4667

9 神话酒吧（Myth）
长条形的酒吧颇有品味，非同寻常的装饰带有神话色彩。酒吧以乡上地中海风味的食物。夏天您可以在室外的人行道上就餐。●希腊街417号·地图F3·416 461 8383

10 啤酒小酒馆（Beer Bistro）
在这里啤酒当家，种类繁多，称得上是啤酒学校。周三有快乐时光品酒会。菜单上有许多下酒菜。●国王东街18号·地图L4·416 861 9872

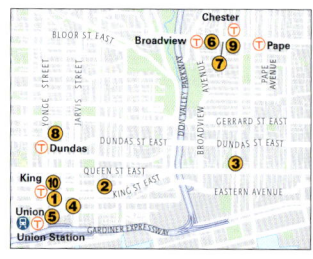

安省小型酿酒厂包括：溪鸣酿酒厂（Steam Whistle）、克里摩尔酿酒厂（Creemore）、布里克酿酒厂（Brick）等

消费档次表	
消费档次表包括供一人食用的三道菜、半瓶葡萄酒及其他费用（含税）。	$ 低于30加元 $$ 30–50加元 $$$ 50–80加元 $$$$ 80–110加元 $$$$$ 高于110加元

玫瑰香晚餐俱乐部

十佳餐馆

1 布鲁塞尔咖啡馆（Café Brussel）
这儿有30多种蚌类（都配有好吃的薯条）和其他比利时美食。◎希腊街124号·地图F3·416 465 7363·$$$$

2 马鞭草法式餐厅（Verveine）
餐厅里的当代法式美食和经典早午餐都是这个莱斯利维尔社区人的最爱。◎皇后东街1097号·地图F4·416 405 9906·$$$

3 杰米·肯尼迪餐馆（Jamie Kennedy Wine Bar）
当地的有机食品配料是这个由名厨杰米·肯尼迪主厨的餐馆的特色。小吃拼盘（Tapas）式的菜有利于人们共同品尝。◎教堂街9号·地图L5·416 362 5586·$$$

4 近地点餐厅（Perigee）
这家位于古酿酒厂区的餐馆是法式菜与地中海式菜的结合，精美的晚餐会使美食家都大饱口福。厨师帕特·莱利在开放式厨房中快活地主厨。◎磨房街55号59楼·地图E5·416 364 1397·$$$$$

5 海星餐厅（Starfish）
这里的海鲜烹制很优雅、美味，牡蛎极其鲜美。◎阿德莱德东街（Adelaide St E）100号·地图M4·416 366 7827·$$$

6 比夫法式小酒馆（Biff's）
优美的环境、闪亮的吧台、松软的长椅、大大的镜子都与经典的法式小酒馆的饮食相辅相成。◎前东街4号·地图L5·416 860 0086·$$$$

7 老爹烧烤店（Pappas Grill）
这个喧闹的希腊小酒馆有精美的开胃菜和烤羊、羊肉串等主食。◎希腊街440号·地图F3·416 469 9595·$

8 玫瑰香晚餐俱乐部（Rosewater Supper Club）
这家拥有创新法式美食的餐厅坐落于漂亮的维多利亚建筑中。除了餐厅和下层的晚餐俱乐部外，还有3个备感亲切的酒吧和一个吸烟室。◎多伦多街（Toronto St）19号·地图L4·416 214 5888·$$$$

9 广寿司餐厅（Hiro Sushi）
食客们可以在这里品尝烤金枪鱼、生鱼片、芥末鲑鱼等日式美食，还附有口味纯正的清酒。◎国王东街171号·地图M4·416 304 0550·$$$

10 吉欧·拉娜的棒餐馆（Gio Rana's Really, Really Nice Restaurant）
这家餐馆的店名和装饰都非常传统（店外的板子上悬挂着一个巨大的塑料鼻子），专门供应物美价廉的意大利南部美食。餐馆有开放式的厨房。◎皇后东街1220号·地图B2·416 469 5225·$$

所有餐馆都接受信用卡，并可以提供素食

沙滩区的阿什布里奇斯湾(Ashbridges Bay)公园

加拿大奇幻乐园

大多伦多地区

多伦多周围地区近几十年来扩展得很快，无数"睡城"（Bedroom Communites）在城市周边兴起，吞噬了肥沃的农田。虽然高速公路的发展保证了通往城外的交通，但高峰时期道路却非常拥堵。所以在计划旅行时，要选择非高峰时段。城外有许多公园和自然公园都拥有宽阔的沙滩。多伦多动物园建在城市东部的边缘，红河公园（Rouge Park）的野生动物区。这里和加拿大奇幻乐园一样是全家度假的好去处。这里有一些名胜古迹：黑溪先祖村中的导游身着古装演示祖先的生活；布拉德利博物馆（Bradley Museum）中修复的农舍展示了19世纪中叶的乡村生活。艺术爱好者会被吸引到迷人的克莱因伯格村（Village of Kleinburg），参观著名的迈克马克加拿大艺术收藏馆（McMichael Canadian Art Collection）。

加拿大动物园的北极熊

十佳胜景

1. 迈克马克加拿大艺术收藏馆
2. 多伦多动物园
3. 沙滩区
4. 加拿大奇幻乐园
5. 安省科学馆
6. 黑溪先祖村
7. 吉布森老宅博物馆
8. 高市小舍
9. 布拉德利博物馆
10. 多伦多航空博物馆

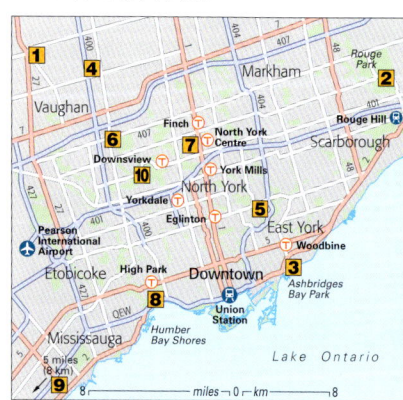

白松，迈克马克加拿大艺术收藏馆

1 迈克马克加拿大艺术收藏馆（McMichael Canadian Art Collection）

迈克马克加拿大艺术收藏馆位于克莱因伯格村（Village of Kleinburg），离多伦多市区30公里。这个杰出的画廊展出一流的艺术品：其中包括汤姆·汤姆森（Tom Thomson）、艾米丽·卡尔（Emily Carr）等"七子子"的现代作品，原住民和因纽特艺术家的作品等。◎克莱因伯格的伊士灵顿大道（Islington Ave）10365号·地图A1·905 893 1121·5月至10月：每天10am-5pm；11月至4月：每天10am-4pm（需要门票）

2 多伦多动物园（Toronto Zoo）

您会很乐意花上一天的时间在这个占地710公顷、拥有450多个品种、5000多只动物的动物园中探索一番。您可以看到非洲象等大型动物在沿着长达10公里的小径边的户外围栏中自由地漫步。沿途还有四个热带馆，体现了动物们生长的不同地理环境。◎老芬治大道（Old Finch Ave）361A·地图B1·416 392 5929（需要门票）

3 沙滩区（The Beach）

这片地区充分利用了它的沿湖优势，营造出一种疗养胜地的气氛。特别是在夏季，人们蜂拥而至来到这片白沙滩上，在4公里长的木板道上漫步，在建于19世纪末20世纪初的公园——凯尤花园（Kew Gardens）中野餐，再到皇后街去购物（见93页）。沙滩区最繁忙的时候是每年7月下旬的海滩国际爵士音乐节。（见47页）◎地图B2

4 加拿大奇幻乐园（Canada's Wonderland）

多伦多北部的这个主题公园以它50多种游乐设施、水上乐园和现场表演吸引着各方来客。各式各样的过山车是公园中最吸引人、最刺激的项目。◎旺市（Vaughan）的珍街（Jane St）9580号·地图A1·905 832 8131·五一至维多利亚日：周六、周日10am-8pm；维多利亚日至劳动节：每天10am-10pm；劳动节至感恩节：周六、周日10am-8pm（需要门票）

5 安省科学馆（Ontario Science Center）

这个博物馆的展览针对青少年观众，大都是互动式的，使科学教育变得生动有趣。11个主题展览区涵盖面多种多样：地球的生态环境、能源、人体等。◎当妙斯路（Don Mills Rd）770号·地图B1·416 696 1000·每天10am-5pm（需要门票）

6 黑溪先祖村（Black Creek Pioneer Village）

步入黑溪先祖村，您可以体验早期移民者的真实生活环境，仿佛置身于19世纪的安省乡村。村内有多座建筑——少数是原始保留的，多数是仿真修缮的学校、教堂、商铺、住

安省科学馆

分区逍遥游——大多伦多地区

宅和谷仓。村内还有果园、贮水池、修复的花园、放牧的畜群。身着古装的工作人员演示先祖们的手工艺，还进行制锡、磨面等活动（面粉出售）。免费的马车游很受孩子们的喜爱。◎唐士维镇（Downsview）莫瑞罗斯大道（MurrayRoss Pkwy）100号·地图A1·416 736 1733·5月、6月：周一至周五9：30am—4：30pm，周六、周日：11am—5pm；7月至劳动节：周一至周五10am—5pm，周六、周日：11am—5pm；劳动节至12月31号：周一至周五9：30am-4pm，周六、周日11am—4：30pm（需要门票）

7 吉布森老宅博物馆（Gibson House Museum）

虽然北约克现在是城市中极其现代化的部分，但同时也是历史珍宝之家。这所优雅的乔治亚风格的农舍建于1851年。最早的房主戴维·吉布森（David Gibson）是土地测量员兼制图员，他曾是1837年上加拿大叛乱的领导人，在起义失败后他被迫逃往美国。后来他被赦免，返回加拿大后为他的妻子和7个孩子建造了这栋房子。现在，这所博物馆提供导游解说游览，还举行学习班，教授一种已经被遗忘的手艺——炉边烘烤烹饪技术。◎央街5172号·地图A1·416 395 7432·10月至次年8月周二至周日：中午至5pm（需要门票）

黑溪先祖村

8 高布小舍（Colborne Lodge）

这所建于1837年的房子曾是土地测量员约翰·霍华德（John Howard）和他妻子杰迈玛（Jemima）的住宅。后来霍华德把房子转让给了多伦多市，也为海柏公园的建立奠定了基础（见40页）。它坐落于公园的南端，这所带有环形走廊的摄政时期风格的建筑被修复一新，内部的物件摆设大都属于霍华德，包括霍华德绘制的早期多伦多风景的水彩画。身着古装的导游在您的游览过程中错过花园，那里种植着各种调味用的草本香料和花卉。这里经常举行一些季节性的庆祝活动，如感恩节庆典和圣诞节的花灯游行都很受欢迎。◎高布小舍路（Colborne Lodge Dr）·地图A2·416 392 6916·1月至4月周六、日：中午至4pm；5月至9月周二至周日：中午至5pm；10月至12月周二至周日：中午至4pm

哈里斯滤水厂（R.C. Harris Filtration Plant）

这个滤水厂建于20世纪30年代，那时的公共建筑都是大手笔，反映了工程技术的高超水平。这座过滤水场也被人们称为"净化之宫殿"。它像一座纪念碑似的矗立在小山丘上，装饰主义风格的建筑里装载着处理城市饮用水的机器，它把水从3公里之外的安大略湖岸用管子抽到水厂。水厂每天处理将近两亿加仑的水，满足多伦多近半的用水需求。

9 布拉德利博物馆（Bradley Museum）

这座收藏了19世纪初的建筑博物馆将我们带回到过去的时光。1830农舍是由刘易斯·布拉德利（Lewis Bradley）和伊丽莎白·布拉德利（Elisabeth Bradley）修建的，他们原来是联合帝国的支持者，因此离开美国到安省定居，抚养了7个孩子。翻修的房子用仿古家具装饰。停泊点处有一搜政时期风格的小屋，是皇家海军军官约翰·斯凯呐（John Skynner）最初的家。博物馆的展览轮回展出，每月的最后一个周日还提供下午茶。◎米西索加（Mississauga）的欧尔路（Orr Rd）1620号·地图A2·905 615 4860·日1-5pm；7月至8月：周三至周日

1-5pm（需要门票，布拉德利屋没有无障碍通道）

10 多伦多航空博物馆（Toronto Aerospace Museum）

此博物馆坐落于1929年建造的哈维兰德飞机制造公司（Havilland Aircraft）大厦内，前登士威机场（Downsview Airport）中，原来的这个空军基地现在已经变成公园。这所博物馆展示了加拿大的航空史。除了档案照片外，它还展出真实尺寸大小的飞机：20世纪50年代的喷气教练机，一架为加拿大皇家海军制造的反潜艇战斗机。这里还特别展出了20世纪四五十年代为训练飞行员设计的飞行训练模拟机。卡尔霍尔路（Carl Hall Rd）65号·地图A1·416 638 6078·周四至周六：10am—4pm，周日：中午至4pm（需要门票）

沙滩一日游

上午

在皇后东街2006号的落日烧烤咖啡馆（Sunset Grill）开始您的早餐（华夫饼是当地人的早餐最爱）。饭后，过街向湖滨进发。经过凯尤花园（Kew Gardens）时，请注意不同寻常的环形小路和公园南端建于1902年的凯尤·威廉姆小屋（Kew William Cottage）的圆形窗户。如果您喜欢骑车而非步行，您可以先到沙滩自行车租赁处（Beach Cycles）（皇后东街1882号）看看。

来到木板道（Boardwalk）右转，走到头需要15分钟。注意右手边铺设的小路，它通往友桥湾公园（Ashbridges Bay Park）。在那里，您可以沿着水边码头区欣赏停泊的帆船。从公园的西边看城市的风景也是美不胜收。

午饭时，重回到凯尤花园，到皇后街，在1960号的连锁汉堡餐厅Lick's享用一顿美味的牛肉汉堡。

下午

到皇后街购物，先到2179号的坚果巧克力店（The Nutty Chocolatier）尝尝鲜，再到皇后东街安静的伊万森林花园（Ivan Forest Garden）或是Glen Manor河谷公园小憩一下。

购物出来，到2232号的奎格里咖啡馆（Quigley's）的室外就餐处找个座位，吃点小吃，休息一下。如果还有余力，再往东走10分钟，到哈里斯滤水厂（R.C. Harris Filtration Plant）参观这个装饰主义风格的珍品，欣赏士嘉堡悬崖（Scarborough Bluffs）和安大略湖的景色。

多伦多航空博物馆

分区逍遥游——大多伦多地区

峭壁公园

汉博植物园

TOP 10 十佳生态绿地

1 红河公园（Rouge Park）
这个北美最大的城市公园是城市里最富有野生气息的地带。它随着红河的流势蜿蜒起伏。园内有许多适合远足的步行道。☯地图B1·905 713 6038

2 科特莱特中心（Kortright Centre）
这个重要的自然保护区经常举办一些实践活动和有向导带路的"自然行"，适合所有年龄段。特别是夜间的"猫头鹰巡游"非常受欢迎。18公里长的步行小道带您穿越森林、草地、汉博河谷。☯伍德布里奇（Woodbridge）的松谷路（Pine Valley Dr）9550号·地图A1·905 832 2289（需要门票）

3 爱德华公园（Edwards Gardens）
Wilket溪谷边的这个公园里鲜花满园。在教学园地里举办适合孩童的活动。☯劳伦斯东街（Laurence Ave E）777号·地图B1·416 397 1340

4 海柏公园（High Park）
海柏公园是多伦多最大的市区公园，园中的步行道穿越树林和稀树草原。园内还有游乐场、网球场、小型动物园、高市小舍（Colborne Lodge）（见92页）和酒吧、餐厅。☯布鲁尔街（Bloor St W）1873号·地图A2

5 峭壁公园（Bluffer's Park）
高达110米的陡峭沙岩悬崖俯视着安大略湖，成为公园东端壮丽的背景。园内设有时令小吃吧。☯冰梨道（Brimley Rd）南端·地图B2

6 盖得伍德公园（Guildwood Park）
在士嘉堡悬崖下的公园（Scarborough Bluff Park）中，您可以欣赏花园和野花烂漫的自然区域。从毁坏的建筑里抢救出的迷人的建筑文物散落在园中。☯吉德伍德路（Guildwood Pkwy）201号·地图B1·416 392 1111

7 汉博湾公园蝴蝶栖息地（Humber Bay Butterfly Habitat）
野花和灌木丛吸引了大量的蝴蝶来到这座湖滨公园，成为城市边缘的亮丽风景线。园内有一个花展专门展示吸引蝴蝶的花卉。☯汉博湾公园东路（Humber Bay Park Rd E）·地图A2·416 392 1339

8 桑尼布鲁克公园（Sunnybrook Park）
被郁郁葱葱的Burke峡谷和两座森林所覆盖的公园，在夏季成为消夏解暑的好去处。园内的小道边都有介绍动植物的指示牌；还设有马房、体育场、野餐处和餐馆。经过Wilket小溪公园进入莱斯里西街（Leslie St）☯地图B1

9 马丁·古德曼自行车道（Martin Goodman Trail）
22公里长的自行车道拥抱着安大略湖，也连接着湖滨的其他公园，是慢跑者、自行车爱好者和滑轮爱好者喜爱的场所。☯地图A2-B2

10 汉博植物园（Humber Arboretum）
这个自然生态中心建在西汉博河附近，有许多介绍各种植物的小径穿过树林和草地，还有很好的介绍野生动植物的展览。☯汉博学院路（Humber College Blvd）205号·地图A2

部分公园在傍晚关闭，游览前请预先打电话确认。欲了解更多关于多伦多公园的信息，请登录www.trca.on.ca

Auberge Du Pommier 法式餐厅

消费档次表	
消费档次表包括供一人食用的三道菜、半瓶葡萄酒及其他费用（含税）。	$ 低于30加元 $$ 30–50加元 $$$ 50–80加元 $$$$ 80–110加元 $$$$$ 高于110加元

十佳餐馆

1 爱美亚餐馆（Amaya）
新鲜配料、微辣口味，这家餐馆主打印度美食。点餐时不要忘了点上一份咖喱马丁尼鸡尾酒。◎湾景大道（Bayview Ave）1701号·地图B2·416 322 3270·$$

2 Scaramouche餐厅（Scaramouche）
这家意大利粉餐厅是多伦多人喜欢光顾的地方，价格要比优雅的主餐厅便宜。这里的饮食几十年来一贯以创新、精美而著称，周围的风景也不错。◎Benvenuto Plaza大厦1号·地图C2·416 961 8011·主餐厅消费档次：$$$$，意大利粉餐厅消费档次：$$$

3 Grano意式餐厅（Grano）
这个意式餐厅是个热闹的、令人愉快的地方，家庭氛围很浓。菜单上有许多素食可选择。◎央街2035号·地图B2·416 440 1986·$$$

4 北纬44°餐厅（North 44°）
厨师马克·麦克尤恩（Mark McEwan）烹制现代国际风格的菜肴——对法式经典的繁复颠覆。这里的饮料和酒单给人印象非常深刻。◎央街2537号·地图B1·416 487 4897·$$$$$

5 Via Allegro意式餐厅（Via Allegro）
这是一家地道的意大利餐馆：意式面、海鲜、柴炉比萨饼，还有一间一流的酒屋，拥有3000多种酒，对爱喝酒的人的来说有难以抗拒的吸引力。◎女王道（The Queensway）1750号·地图A2·416 622 6677·$$$$

6 Kaji寿司日本餐厅（Sushi Kaji）
这家餐厅除了固定菜谱，还有厨师的每日随意配（Omakase）菜谱。复杂的日式菜与简单却又极其新鲜的生鱼片和寿司搭配。◎女王道860号·地图A2·416 252 2166·$$$$

7 Auberge Du Pommier法式餐厅（Auberge Du Pommier）
这家餐厅是经典法国菜的现代改良版，有两个包间，一个酒吧及小天井。冬天时可以靠近壁炉坐。◎央街4150号·地图B1·416 222 2220·$$$$$

8 龙朝餐厅（Dragon Dynasty）
这家餐厅位于一座商厦中，经典美味的中式菜肴弥补了较差的就餐环境之不足。◎冰梨道（Brimley Rd）2301号·地图B1·416 321 9000·$$$

9 桂日本餐厅（Katsura）
这家餐厅的日式特色包括：寿司、生鱼片、天妇罗和烤鱼。食客们可以就座于寿司回转台或是围坐在大厅的铁板烧桌边。◎约妙斯站路（York Mills Rd）900号·地图B1·416 444 2511·$$$$

10 石榴餐厅（Pomegranate）
这是一家颇受欢迎的波斯餐厅。精制的米饭上淋有浓香的酱汁，外加香喷喷的平板面包。美酒、传统的波斯装饰、波斯音乐都是这家餐厅的特色。◎大学路（College St）420号·地图B3·416 921 7557·$$

尼亚加拉的马蹄形瀑布

戈德里奇镇的风车

多伦多周边

多伦多周边有许多地方适合轻松驾车一日游或是做更远的探访。北部的蜂蜜港口（Honey Harbour）和格雷文赫斯特镇（Gravenhurst）是通往乡村农舍、美丽的湖畔和森林的必经之路。冬天的柯林伍德镇（Collingwood）是滑雪胜地，而夏天的乔治亚湾（Georgia Bay）是避暑的好去处。多伦多的西边有许多风景如画的小镇，如：斯特拉特福镇（Stratford），这里有世界闻名的莎士比亚戏剧节；门诺派区（Mennonite）的圣雅各布斯镇（St. Jacobs）也很值得一游。再往西，美丽的戈德里奇镇（Goderich）的南北沙滩在休伦湖（Lake Huron）沿岸伸展开来。尼亚加拉半岛游（Niagara Peninsula）则很容易填满您的周末行程，那里有尼亚加拉瀑布（Niagara Falls）、安大略最好的酒厂、迷人的小酒店和极好的餐厅。

圣雅各布斯镇门诺派的马车

十佳胜景

1. 尼亚加拉瀑布
2. 湖上尼亚加拉小镇
3. 戈德里奇镇
4. 乔治亚湾群岛国家公园
5. 斯特拉特福镇
6. 圣雅各布斯镇和奥罗拉镇
7. 柯林伍德镇
8. 皇家植物园
9. 格雷文赫斯特镇
10. 长尖峡省立公园

湖上尼亚加拉小镇的皇后街

1 尼亚加拉瀑布（Niagara Falls）

当附近的小镇奋力地将庸俗文化推向新高时，尼亚加拉瀑布依然以它自然奇迹般的美丽给人留下不可磨灭的印象。绝对不虚此行！（见28-31页）

2 湖上尼亚加拉小镇（Niagara-on-the-Lake）

这个迷人的历史小镇看起来和19世纪中早期建立时并无两样。值得一看的景点有：美丽的乔治亚风格、新古典主义风格的建筑和精巧的商铺。历史爱好者一定不会错过参观尼亚加拉历史博物馆的机会，那里展示了这个地区的辉煌历史。小镇也是远足的大本营，可以沿着风景如画的尼亚加拉公园小道到酿酒厂（见100页）参观。每年夏季这里还是萧伯纳纪念日（Shaw Festival）的主办地。◎尼亚加拉历史博物馆：卡瑟瑞街（Castlereagh St）43号·地图Q3·905 468 3912·5月到10月：每日10am-5:30pm；11月至4月：每日1-5:30pm（需要门票）

3 戈德里奇镇（Goderich）

这个休伦湖岸上的小镇建于1827年，拥有悠久的水运历史和维多利亚式建筑。镇中心的街道从一个不寻常的八角形广场辐射开来，市政厅（1890年）就位于广场的中心。休伦县博物馆（Huron County Museum）展出老式农具和兵器收藏。其他景点包括一个建于1839—1842年的监狱（Huron Historic Gaol）、一座1847年的灯塔和坐落在旧货船中的水运博物馆。◎休伦县博物馆：北大街（North St）110号·地图N2·周一至周六：10am-4:30pm，周日：1pm-4:30pm（劳动节至维多利亚日周六闭馆）；休伦老监狱：维多利亚北街（Victoria St N）181号·维多利亚日至劳动节：每日10am-4:30pm

4 乔治亚湾岛国家公园（Georgia Bay Islands National Park）

加拿大地盾（Canadian Shield）风化的岩石和松林构成了乔治亚高低起伏的风景。成千上万的小岛点缀着乔治亚湾，有些小岛只是一堆花岗岩，其中的59座岛组成了这个国家公园。可以从蜂蜜湾镇（Honey Habour）乘坐40分钟的渡轮游览最大的岛——太阳岛（Beausoleil），那里有步行道、沙滩、森林，还是加拿大国家公园中爬虫和两栖动物大全之最。地图P1，乔治亚岛国际公园电话：1 888 773 8888

乔治亚湾停泊的小船

欲了解萧伯纳纪念日的详情，请致电1 800 511 7429，或登录www.shawfest.com查询

斯特拉特福莎士比亚戏剧节

斯特拉特福镇（Stratford）

5 这个小镇以莎士比亚戏剧节闻名于世。莎士比亚的主题也渗透在小镇生活的其他方面，有一个以莎士比亚戏剧命名的植物园。河边的公园是野餐的好地点；商店里出售当地工匠的工艺品；参观斯特拉特福-珀斯博物馆（Stratford-Perth Museum）可以了解当地的历史；而珀斯县法院（Perth County Court）则是维多利亚式建筑的精品。◎地图P2

圣雅各布斯镇（St. Jacobs）和奥罗拉镇（Elora）

6 小镇中的一所19世纪的建筑内设有工艺品、古玩和礼品店；面包房、小饭馆比比皆是。圣雅各布斯镇的两个市场里有数不清的跳蚤市场和农产品小摊，出售当地的土特产，当地的门诺派教徒也在此贩卖枫糖浆。如果您对枫糖浆感兴趣，还可以参观圣雅各布斯镇国王街1441号的枫糖浆博物馆（Maple Syrup Museum）。开车往东北走24公里就是艾洛拉镇（Elora），它坐落于格兰德河（Grand River）堤岸之上，高耸的奥罗拉山谷（Elora Gorge）旁。◎农贸市场&跳蚤市场：圣雅各布斯镇的农资市场场·地图P2·全年周四至周六：7am-3:30pm；6月至劳动节周二：8am-3pm

柯林伍德镇（Collingwood）

7 这个小镇充分利用了尼亚加拉瀑布的断崖风景。在布鲁山（Blue Mountain）旁，断崖处有个高点是安省最好的滑雪之处，尼亚加拉瀑布就是在此落入柯林伍德湖面。在山洞风光自然探险游（Scenic Caves Nature Adventures）中，您可以走过安大略最长的悬桥，眺望树顶的风光，或是到石灰石洞、冰洞中一探究竟。◎地图P1·布鲁山滑雪场（Blue Mountain Ski Resort）：705 445 0231·山洞风光自然探险游：705 446 0256.

游门诺派区（Mennonite Country）

圣雅各布斯是安省古老戒律的执行者——门诺派教徒生活的中心区。马车载着身着黑衣、宽边黑帽的农夫和身着围裙和无边女帽的女士与机动车平分道路，勾画出这个再洗礼教徒区的生活方式。由于信仰受到迫害，门诺派教徒从欧洲移民到美国，1799年又移居此地，他们不使用现代科技和电，反对兵役。

皇家植物园（Royal Botanical Gardens）

8 四个自然保护区中有暖房、园圃、步行道。春天有世界上最大的丁香园花团锦簇；百年的玫瑰绽放到夏天；冬天室内的地中海植物园也会让您不虚此行。园中还设有礼品店、咖啡馆和季节性的茶馆。◎伯灵顿（Burlington）平原西路（Plains Rd W）680号·地图P3·每日9am至傍晚

圣雅各布斯枫糖浆小摊

每年4月至11月举行斯特拉特福莎士比亚戏剧节。请致电1 800 567 1600了解详情

⑨ 格雷文赫斯特镇（Gravenhurst）

格雷文赫斯特镇是探索马斯科卡地区（Muskoka）的大本营，也是乘游船参观一艘1887年的蒸汽船的出发地——这艘船是北美最古老而仍能运行的蒸汽船。马斯科卡从阿冈肯公园（Algonquin Park）开始延伸到乔治亚湾（Georgia Bay），由1600个大小湖泊和河流组成，是夏季的消暑胜地。众多的湖滩是游泳的好场所；整个地区都可以租船；运动用具商还在一些僻静的地区组织皮划艇游。⊗地图Q1·马斯科卡游船公司（Muskoka Fleet lake cruises）·705 687 6667

格雷文赫斯特镇的白求恩故居

⑩ 长尖峡省立公园（Long Point Provincial Park）

这是世界闻名的候鸟（特别是水鸟）避难所，被联合国指定为生物圈保护区。海峡是几千年来伊利湖（Lake Erie）岸的沙子冲刷而成，有长约40公里的白色沙滩。湖水很浅，保证了整个游泳季节的水温都很暖和。春天和秋天是观鸟的绝佳季节。长长的步行道穿过沙丘、森林、沼泽地和草地，适合全年游览。野营地设有淋浴、洗衣房和电插头。⊗59号高速公路，山梨港（Rowan Port）南10公里处·地图P3·519 586 2133

乡村自驾游

上午

从圣雅各布斯农贸市场和跳蚤市场开始你的行程，欣赏手工艺品、仿古收藏品，可以品尝600多个商贩出售的食品。在饱食小吃之后，穿过停车场到马车店（Trolley Shop）去乘马车，做一个75分钟的穿越门诺派农场（Mennonite Farm）的马车游（4月至10月）。

游览之后，开车到国王北街1406号的游客中心（Visitor Centre），去参观有关门诺派教徒历史的短录像片、照片展和门诺派礼拜堂的模型。然后准备到1396号的石头坛子餐厅（Stone Crock）品尝一顿乡村风味的自助餐。

下午

沿17号乡村公路往东开几公里，到22号公路北转至86号线，注意西蒙特罗斯（West Montrose）的指示牌。在这个小镇上，去探访安大略省仅存的廊桥——当地人称它为"接吻桥"。廊桥跨越了格兰德河（Grand River）这个古老的水道。沿23号线（转21号线）往北，10分钟后就来到了迷人的奥罗拉镇（Elora）。

在这里可以浏览手工艺品和古玩店，欣赏古老的石灰石建筑。然后走进奥罗拉山谷保护区（Elora Gorge Conservation Area）去游泳、远足或到河边野餐。

接下来，沿18号线，很快就到了弗格斯镇（Fergus），在这里可以了解苏格兰历史和19世纪末的建筑。到安德鲁西街487号的19世纪60年代风格的布雷多酒店（Breadalbane Inn）就餐。

分区逍遥游——多伦多周边

派勒酒庄　　　　　　　　　　葡萄园酒庄的车房餐厅

十佳酿酒厂

1 葡萄园酒庄（Vineland Estates Winery）

本地区最吸引人的酒庄之一，这片葡萄园里有一个1857年的石头马车房，还有两个很棒的餐馆，其中的一个是马克·皮孔（Mark Picone）主厨。酒庄还提供导游和品酒。◎葡萄园区摩耶路（Moyer Rd）3620号·地图Q3·1 888 846 3526

2 派勒酒庄（Peller Estates Winery）

虽然这个葡萄酒园建造不久，但已培养出三代葡萄酒酿造师。这里的游览包括参观古老的酒窖。园里还设有餐馆、商店。◎湖上尼亚加拉小镇（Niagara-on-the-Lake）约翰东街（John St E）290号·地图Q3·1 888 673 5537

3 希勒布兰得酒庄（Hillebrand Estates Winery）

酒庄除了组织参观和品酒外，还举办特色活动，比如葡萄园自行车赛（5月至10月）和冰酒节（1月）。◎湖上尼亚加拉小镇尼亚加拉石路（Niagara Stone Rd）1249号·地图Q3·1 800 582 8412

4 半岛山脊葡萄酒厂（Pninsula Ridge Estates Winery）

来自法国夏布利的酿酒师调制出味道特别的葡萄酒，特别是白葡萄酒尤其突出。餐馆设在一所维多利亚式房子中。◎比姆斯维尔（Beamsville）的国王西街（King St W）5600号·地图Q3·905 563 0900

5 因尼斯基林酿酒厂（Inniskillin Wines）

是安省最古老的优质葡萄酒园之一，建于1975年，以冰酒而著称。游客可以自己游览也可以找导游。商店和品酒吧坐落于一个20世纪20年代的谷仓内。◎湖上尼亚加拉小镇服务路（Service Rd）66号、Line3·地图Q3·1 888 466 4754

6 杰克逊翠格斯酒厂（Jackson-Triggs Vintners）

这家酒厂是这个地区技术设备最先进的酒厂。您可以观光和品酒。◎湖上尼亚加拉小镇尼亚加拉石路（Niagara Stone Rd）2145号·地图Q3·905 468 4637

7 Thirty Bench 酒厂（Thirty Bench Wines）

这个小酒厂生产上等的夏敦埃和雷司令白葡萄酒。在一个乡村风格建筑内设有品酒处。◎比姆斯维尔镇山景路（Mountainview Rd）4281号·地图Q3·905 563 1698

8 Malivoire制酒公司（MalivoireWine Company）

在这个以白葡萄酒而闻名的地区，这个有机葡萄园生产红葡萄酒。品酒房设在一个巨大的货柜内。◎比姆斯维尔镇的国王东街（King St E）4260号·地图Q3·1 866 644 2244

9 雷夫酒庄（Reif Estate Winery）

这个家庭酒庄风景如画的葡萄园有135公顷之大。小酒铺是一个19世纪30年代的农舍。夏季时每天都可以观光。◎湖上尼亚加拉小镇的尼亚加拉高速路（Niagara Pkwy）15608号·地图Q3·905 468 7738

10 查姆斯酒庄（Chateau des Charmes）

以拥有五代葡萄种植经验而自居。拥有来自法国阿尔萨斯地区的古老的葡萄根。有一个品酒吧、商店和美丽的玫瑰园。◎湖上尼亚加拉小镇的约克路（York Rd）1025号·地图Q3·905 262 4219

许多葡萄园的开放时间各个季节都不同。参观之前请提前致电了解

Rundles餐厅

十佳餐馆

1 Eigensinn农庄餐厅（Eigensinn Farm）
明星厨师迈克·斯塔德兰德（Stadlander）的名气使这个餐厅提前几个月就预订爆满。食客们聚在这个气氛温馨的农庄里，享受着有机材料烹制的多道精美菜肴。这些材料大都是在这里土生土长的。◎辛汉普顿（Singhampton）RR2·地图P1·519 922 3128（可自带酒）·$$$$$

2 Rundles餐厅（Rundles）
这家餐厅的经典菜肴包括烤鸡、煮鲑鱼等。在斯特拉特福镇的这个餐厅中还有更富有挑战的三道菜套餐会让您一饱口福。◎斯特拉特福镇（Stratford）的科堡街（Cobourg St）9号·地图P2·519 271 6442·5月至10月·$$$$$

3 贝利餐厅（Bailey's）
贝利餐厅混合着小镇魅力的轻松就餐环境和精美的饮食。肉、鱼、意式面的种类繁多，每天都换菜式。餐厅以杂绘蛤蜊而著称。◎古德里奇（Goderich）广场120号·地图N2·519 524 5166·$$$

4 垂钓大全餐厅（The Compleat Angler）
正如餐厅的名称所暗示的，本餐厅的特色是海鲜，也供应牛排。尝尝当地大湖里捕捞的新鲜鱼吧。◎卡灵港（Port Carling）的米多拉街（Medora St）114号·地图Q1·1 877 483 5050·复活节至感恩节·$$$$

5 葡萄园酒庄的马克皮孔餐厅（Mark Picone at Vineland Estates Winery）
精细的本地材料是这个餐厅的主角，意大利调料为菜肴注入了活力。这个19世纪40年代的农舍环境很宽敞，以欣赏安大略湖优美的景色。◎葡萄园区摩耶路（Moyer Rd）3620号·地图Q3·1 888 846 3526·$$$$

6 花冠餐厅（Tiara）
这个高档的酒店餐厅菜谱中美味的烤肉或鱼很吸引人：意大利龙虾饺子、莱姆汁脆皮羊排等。◎湖上尼亚加拉小镇（Niagara-on-the-Lake）拜伦街（Byron St）155号·地图Q3·905 468 2195·$$$$

7 教堂餐厅（The Church）
坐落于一座建于1874年的教堂内，精美的法国菜，每季菜单不同，上面还附着游戏。◎斯特拉特福镇（Stratford）的布朗斯维克街（Brunswick St）70号·地图P2·519 273 3424·5月至11月·$$$$$

8 宝石餐厅（Bijou）
诡异的装饰风格为富有想象力的现代法国菜做了很好的铺垫。◎斯特拉特福镇的伊利街（Erie St）105号·地图P2·519 273 5000·$$$

9 On the Twenty餐厅（On the Twenty）
这家餐厅是尼亚加拉酒厂第一批餐厅之一。这个餐馆青睐当地材料和优质肉品，也有意大利面。◎乔丹镇（Jordan）的缅街（Main St）3836号·地图Q3·905 562 7313·$$$

10 派勒酒庄（Peller Estates Winery）
您可以在这里欣赏葡萄园中迷人的景色，品尝当地时令配料组成的6至9道菜的美味套餐。◎湖上尼亚加拉小镇（Niagara-on-the-Lake）约翰东街（John St E）290号·地图Q3·1 888 673 5537·$$$$

消费档次表
消费档次表包括供一人食用的三道菜、半瓶葡萄酒及其他费用（含税）。
$ 低于30加元
$$ 30-50加元
$$$ 50-80加元
$$$$ 80-110加元
$$$$$ 高于110加元

分区逍遥游——多伦多周边

所有的餐厅都接受信用卡，并提供素食

威尔士王子酒店　　　　　　　雅各布的村

TOP10 十佳乡村酒店

1 威尔士王子酒店（Prince of Wales Hotel）

威尔士王子酒店提供无可挑剔的服务，店里有装饰华丽的房间和温泉。这个古老的酒店中有美酒美食。◎湖上尼亚加拉小镇（Niagara-on-the-Lake）皮克顿街（Picton St）6号·地图Q3·1 888 669 5566·www.vintageinns.com·$$$$$

2 朗顿乡村温泉酒店（Langdon Hall Country House Hotel & Spa）

这个乡村酒店中有可爱的花园、设备完善的房间、温泉和美食。◎剑桥镇（Cambridge）朗顿路（Langdon Dr）1号RR3·地图P2·1 800 268 1898·www.langdonhall.ca·$$$$$

3 贝菲尔德的小客栈（The Little Inn at Bayfield）

这个古老的客栈坐落在休伦湖边。20世纪30年代作为房车开放。它绝对有理由为自己的餐厅而自豪。客栈里有乡土风格的古董装饰着房间。◎贝菲尔德镇（Bayfield）缅街（Main St）·地图N2·1 800 565 1832·www.littleinn.com·$$$$

4 霍克宁谷度假村（Hockley Valley Resort）

这个度假村坐落于山谷中，是户外活动的好去处：滑降、越野滑雪、高尔夫球、网球和远足。度假村内设有温泉。◎奥连治维尔镇（Orangeville）RR1·地图P2·519 942 0754·www.hockley.com·$$$$

5 曼尼通客栈（The Inn at Manitou）

这个度假村靠近马斯科卡湖（Muskoka Lake），可以在此游泳、划船、打网球和高尔夫球。法国大厨们掌勺，食物精美。◎麦凯勒镇（McKellar）·地图P1·1 800 571 8818·www.manitou-online.com·$$$$

6 On the Twenty客栈（On the Twenty）

是尼亚加拉镇中心的一个豪华客栈，以其出色的餐厅而著名（见101页）。客栈里有温泉和酒庄。◎乔丹镇（Jordan）缅街3845号·地图Q3·1 800 701 8074·www.innonthetwenty.com·$$$$$

7 蒂尔赫斯特度假村（Deerhurst Resort）

这个马斯科卡湖畔的度假村占地面积达800多公顷，既适合于全家旅行，也适合独自放松。度假村内设有温泉。◎亨茨维尔镇（Huntsville）蒂尔赫斯特路（Deerhurst Dr）1235号·地图Q1·1 800 461 4393·www.deerhurstresort.com·$$$$

8 雅各布的村（Jakobstettel）

这个维多利亚风格的休闲场所有一个室外游泳池。到圣雅各布斯购物只有几分钟的路程。◎圣雅各布斯镇（St. Jacobs）伊莎贝拉街（Isabella St）16号·地图P2·1 800 431 3035·www.jakobstettel.com·$$$

9 欧本客栈（The Oban Inn）

这个青翠花园环绕的客栈俯视着安大略湖，拥有宽敞的房间和美好的餐厅，离镇中心很近。◎湖上尼亚加拉小镇前街（Front St）160号·地图Q3·1 888 669 5566·www.vintageinns.com·$$$$

10 本米勒客栈（Benmiller Inn）

这个客栈毗邻休伦湖沙滩，乡村风情和繁复的优雅兼而有之。许多房间都建在一个旧毛纺厂内，客栈内设有温泉。◎古德里奇镇（Goderich）RR4·地图N2·1 800 265 17111·www.benmiller.on.ca·$$$$

 欲知酒店住宿的价格，请参看115页；想了解更多酒店的情况，请登录www.ontariotravel.net

圣雅各布斯家具市场里手工制作的笤帚

尼亚加拉半岛果酱

十佳购物

1. 农贸市场（Farmer's Markets）
从6月到10月，每周六的早晨，当地的农民都会出售新鲜农产品：蕨菜、白芦笋、野蓝莓和蘑菇等。在安大略省有120多个农贸市场。 www.farmersmarketsontario.com

2. 花被（Quilts）
圣雅各布斯是购买经久耐用的漂亮花被的好地方。当地的门诺派妇女仍保留着古老的手缝花被的传统。您一定要到灰堡花被店（Grey Fort Quilts）转转。灰堡花被店地址：圣雅各布斯镇（St.Jacobs）国王北街（King St N）1425号·地图P2·1 800 505 2660

3. 水果和蜜饯（Fruits and Preserves）
夏季和秋季，尼亚加拉地区的路边小摊都会出售甘美的时令水果。当地的一些公司把水果制成美味的果酱，在专卖店里可以买到。葡萄蜜饯是最受欢迎的产品。 格瑞福斯果酱和橘子酱专卖店（Greaves Jams & Marmalades）地址：湖上尼亚加拉小镇皇后街（Queen St）55号·地图Q3·1 800 515 9939

4. 手工家具（Handmade Furniture）
在安大略南部，基奇纳-滑铁卢城（Kitchener-Waterloo）的周围，门诺派手工匠仍用本地的枫木、松木制作耐用的乡村风格的家具。请留意小路边的指示牌，指向当地的木匠家或圣雅各布斯家具市场——大型零售市场。 圣雅各布斯家具市场（St. Jacobs Furnishings）地址：圣雅各布斯镇韦伯北街（Weber St N）·地图P2·519 747 1832

5. 上品折扣店（Factory Outlets）
您可以在尼亚加拉瀑布上品折扣店抢购Guess、玖熙（Nine West）、耐克等名牌打折品，或是逛逛一站式上品折扣店——加拿大一号（Canada One）。 尼亚加拉瀑布市，伦迪巷道（Lundy's Lane）7500号·地图Q3·905 357 2307

6. 枫糖浆（Maple Syrup）
安大略枫树的糖浆被制成美味的薄饼糖浆和枫糖，在农贸市场和商店里都有销售。

7. 工艺品（Arts and Crafts）
安省内活跃的手工艺人的陶瓷、手工玻璃制品和首饰在集市、小店、画廊中随处可见。

8. 古董（Antiques）
在安省内的小镇上淘古董家具、玩具、银器和瓷器是项不错的运动。在乔丹（Jordan）、圣雅各布斯（St. Jacobs）、伊尔云（Erin）、牛斯塔德（Neustadt）和奥罗拉（Elora）镇都有很多选择。

9. 手工酿制啤酒（Craft-Brewed Beer）
安省的小型酿酒厂在近年来很受欢迎。像牛斯塔德温泉酒厂（Neustadt Springs）就提供品酒和游览服务。 牛斯塔德温泉酒厂地址：牛斯塔德镇雅各布街（Jacob St）456号·地图P2·519 747 1832

10. 安大略葡萄酒（Ontario Wines）
在尼亚加拉半岛上的许多葡萄园里您都可以品尝获奖的葡萄酒，然后买回家中储存。（见100页）

欲了解安省商店的具体信息，请登录www.ontario.worldweb.com

资讯一点通

实用信息

计划行程
106

抵达多伦多
107

多伦多周边游
108

省钱有道
109

实用信息
110

安全与健康
111

购物一点通
112

住宿信息
113~119

多伦多十佳

约克维尔公园

内森·菲利普斯广场，市政大厅

TOP 10 计划行程

1 何时出发
5月至10月是多伦多的旅游旺季，城市一年到头都可以作为旅游目的地。如果您喜欢温和、温暖的天气，春季或早秋去旅游；夏季，尤其是8月，炎热潮湿；晚秋时，气温随着白天的缩短而降低；冬季寒冷多雪，适合滑冰等室外活动和看戏剧、购物等室内活动，住宿费用在这个时段较低。

2 带衣指南
晚春和早秋时，带上暖和的毛衣和轻便的夹克。深秋和早春时则需要带上厚夹克或外套、两件毛衣。夏季，穿上轻便的套头衫或夹克、棉质或亚麻的衣裙或宽松裤、T恤短裤。太阳镜、防晒霜和伞是必备品。冬季，要带上帽子、围巾、手套、暖和的外套和防水靴。

3 健康保险
如果您的健康保险不能报销旅行时的医疗费用，您应该买一份全面的健康险或牙医险。因为加拿大不为游客提供免费医疗。许多信用卡公司可以提供某些保险，旅行前可以了解一下这方面的信息。

4 护照与签证
进入加拿大时，旅游者必须出示有效的证件——护照，在需要时还要出示签证。美国、澳大利亚、新西兰，包括英国在内的大部分欧洲国家的公民，在访问加拿大时不需要签证。旅游者在加拿大最长可以逗留六个月。

5 海关政策
加拿大入关时可携带的物品规定比较复杂。总的来说，未经授权不可以携带鲜活动物、新鲜水果蔬菜、肉、奶制品、植物、武器等入关。19岁以上的旅游者可以免税带入少量的酒类、烟草。加拿大入境时，如携带1万（含）加元以上的现金须申报。

6 驾驶执照
旅游者的本国有效驾照在安大略省入境60天后才生效。如果您计划停留更长的时间，您在本国申请的国际驾照可以在安大略省使用一年。

7 汽车保险
在安省必须上汽车保险。旅游前，了解一下您的汽车险中是否包括租车的费用。多数的租车行负责车损险和责任险，最好是两种保险都包括。

8 电插头
加拿大使用110伏、60赫兹的电力体系，双头和三头插销都可使用。最好带一个电压转换器和多头插座，方便使用电器或手机充电。

9 时差
多伦多在标准时区的东边（比格林威治时间晚5小时）。每年4月初开始采用夏令时（时钟拨快1小时），10月末结束（时钟拨回1小时）。

10 打折
大多数电影院、景点和公共交通对65岁以上的老人实行减费优待。学生持学生证也可享受许多折扣。酒店也常有折扣。（见113页）

请与加拿大大使馆或离您最近的高级专员公署联系咨询入境要求，或登录www.cic.gc.ca/english/visit了解详情

皮尔森国际机场的雕塑

多伦多至罗切斯特的轮船

抵达多伦多

1 皮尔森国际机场（Pearson International Airport）

1号航站楼主要用于加拿大及本地区子公司的国内和国际航班，星空联盟（Star Alliance）的非美国际航班。其他的长途航班和包机使用3号航站楼。2号航站楼将停止使用，以前是专为美国、新西兰和西捷航空（WestJet）的航班使用的。一辆机场小火车连接1、3号航站楼。机场还设有长期停车场。◎航班信息：1号航站楼：416 247 7678；3号航站楼：416 776 5100

2 入境（Immigration）

国际航班上会分发入境卡和海关申报单。每个家庭只需填写一份。入境检查员会查看您的护照或身份证明材料，有时还会提出问题。

3 机场交通（Connections from Pearson Airport）

皮尔森国际机场位于多伦多市中心的西北27公里处。这段路程根据交通状况的不同，需要20分钟至45分钟的车程。机场的出租车（打表）、豪华出租车（统一费用）很容易在航站楼的到达层有机场巴士开往市区的巴士站和沿途的大酒店。如果从机场租车开到市区，沿427号高速公路向南到加德纳高速路（Gardiner Expressway），然后向东开往市中心；或沿409高速公路向东至27高速公路再往南到427高速公路。◎机场巴士电话：1 800 387 6787

4 多伦多中心机场（Toronto City Centre Airport）

这个小型机场坐落在多伦多港的边上，接近市中心。主要用于到蒙特利尔、魁北克、渥太华、乔治亚湾等地的短途航班。◎www.torontoport.com

5 租车（Car Rental）

大部分租车公司在皮尔森国际机场和通往市区的沿途都设了租车点。松下（National）、阿拉莫（Alamo）和赫兹（Hertz）公司在联合车站（Union Station）（见66页）都有租车点。要想租得便宜，一定要提前预订。在您下榻的酒店也可以租车，只要持有效信用卡和驾照就可以租车。

6 公共交通（Public Transit）

多伦多交通局（Toronto's Transit Commission）在机场设置的192快车服务于机场的所有航站楼。若想到市区，上车时要告诉司机，司机载您去换乘。在基柏龄站（Kipling）换乘去往布鲁街-丹福斯线（Bloor-Danforth）地铁。◎www.ttc.ca

7 长途汽车（Long-Distance Buses）

从美国和加拿大各地开来的汽车汇集在卑街（Bay St）610号、登打士（Dundas）北面的中央车站（Central）。◎加拿大长途汽车公司电话：416 367 8747

8 火车（By Train）

美国安崔克铁路（Amtrak）和加拿大维亚铁路（Via Rail）公司的列车在联合车站（见66页）停靠。火车站与地铁南北线在联合车站相交会。车站外随时有出租车恭候。车站附近有几个大的酒店。

9 游船（By Boat or Ferry）

有几个设施完善的码头提供各种型号船只的泊船位。在彻丽街（Cherry St）一个新建的国际轮渡中心（International Ferry Terminal），可以运送乘客和车辆去往罗切斯特（Rochester）、纽约（New York）。◎安大略码头电话：1 888 547 6662；www.marinasontario.com

10 汽车（By Car）

通往多伦多的高速公路有：东西向进城的401高速公路、顿河谷专用车道（Don Valley Parkway）、南北向的427高速公路、加德纳高速路和沿着安大略湖从西南方向进出南城的女王道。

在安省租车者的年龄通常在21岁以上，有些租车公司的规定是25岁以上

出租车

皇后码头的游船停靠处

多伦多周边游

1. 地铁（Subway）
多伦多的地铁干净又高效，是环游城市的理想途径。在所有的站点可免费拿取地铁线路图。如果您需要转换地铁、巴士或电车，请到红色自动售货机上购买转换车票。车票单程有效。
地铁运营时间：周一至周六：6am-1:30am；周日：9am-1am

2. 巴士和电车（Buses & Streetcars）
巴士和电车线路贯穿城市并提供优质的服务。记住要从司机那里买转车票。您要转乘其他线路或地铁时，需要出示车票。

3. 多伦多交通局车票（TTC Fares）
在多伦多交通局的车站或商店中标示"售票处"的地方购买车票或乘车代币（Token），可以买5~10张。这样比用现金购买车票便宜。巴士和电车司机不卖票或找赎。在地铁站买一张一日通票（Day Pass）更加划算。

4. 轮椅车（Wheel-Trans）
多伦多交通局为乘坐轮椅的乘客提供城市内的上门服务。轮椅服务信息：
电话：416 393 4111；预约电话：416 393 4222

5. 出租车（Taxis）
多伦多的出租车很多，在街上或机场打车都很容易。车费是城市统一制定的。您也可以打电话租车。贝克出租车公司（Beck）租车电话：416 751 5555；Co-op公司租车电话：416 504 2667；皇冠出租车公司（Crown Taxi）租车电话：416 750 7878；钻石公司（Diamond）租车电话：416 366 6868；黄出租公司（Yellow Cab）租车电话：416 504 4141

6. 渡轮（Ferries）
开往多伦多群岛的渡轮定点从单街（Bay St）威斯汀海港城堡饭店（Westin Harbour Castle Hotel）的后面发船，行程大约10分钟。淡季时，所有的渡船都可以付费搭载自行车；夏季中央岛渡船不能搭载自行车。渡船时刻表查询电话：416 392 8193

7. 步行（Walking）
步行是漫游多伦多各区域最好的方法。市中心的街道非常安全，夜里也很安全。如果您不放心的话，可以向酒店的"金钥匙服务"（Concierge）咨询。冬季，走地下通道系统（PATH System，见25页）可以防寒。

8. 骑自行车（Cycling）
骑车人必须遵守和驾驶员一样的交通规则。有些街道专门设有自行车道，但大部分没有。在网上和市政大厅里都有免费的自行车道路图。马丁•古德曼自行车道（Martin Goodman Trail）与拥挤的街道相比是个好选择。城里的自行车盗窃问题也令人担忧。当您不使用自行车时，一定要锁好车子。总的来讲，不可以在人行道上骑车。对骑车戴头盔没有强行规定，但戴上比较安全。电车道对骑车人较危险。在非高峰期时段，大部分的巴士和地铁允许携带自行车。
www.city.toronto.on.ca/cycling

9. 开车（Driving）
多伦多网格状的街道体系有利于自驾车游览，但带一份好的地图还是很重要的。许多街道是单行道。而多数双向行驶的街道在高峰期时非常拥堵，特别是401、427号高速公路和加德纳高速路（Gardiner Expressway），最好避开高峰期。当电车停车搭载乘客时，禁止从两侧超车；在电车后门2米处等候，直到车门关闭。在开车门或右转前，请注意后面有没有骑车人。

10. 游船（Boat Tours）
一些公司提供一小时的多伦多港之旅。您也可以租一艘三桅杆的帆船来个一日游。所有的船都从皇后码头（Queen's Quay Docks，见62页）离岸。
www.torontoharbour.com

注意：多伦多交通局规定2岁以下孩子乘车免费；2岁至12岁的孩子及65岁以上的老人享受减价待遇

沿湖骑车的人

登打士街的电车

TOP 10 省钱有道

1 免费娱乐（Free Entertainment）

在多伦多一年到头都可以享受免费娱乐项目：冬日（Winterfest）、同性恋活动周（Pride Week）、国际龙舟赛等，总有一个活动适合每个人（见46~47页）。夏天，湖滨区有更多的免费娱乐活动。每年6月末7月初的爵士音乐节使粉丝们忙着赶往城区和沙滩区。6月1日加拿大日和日除夕时有免费的庆祝活动和音乐会。1月冬季城市节时，内森·菲利普斯广场（Nathan Phillips Square）有乐队表演。（见47页）⊗www.city.toronto.on.ca/events；www.torontowide.com

2 公园和沙滩（Parks and Beaches）

无论您是轮滑爱好者，还是喜欢步行、球类运动，或者就喜欢在沙滩晒太阳，这里的公园和沙滩都能满足您的需求。有些地方体育设施很完备，也有烧烤或野餐的地方。⊗www.city.toronto.on.ca/parks

3 便宜饮食（Cheap Eats）

可在诸如Tim Horton的本土连锁快餐店中享受便宜的食物，也可以选择民族特色餐厅（见81页），这里风味繁多，价格合理。

4 免费艺术（Free Art）

在约克维尔的海泽顿商场（Hazelton Lane）和坎伯兰大街（Cumberland St）周围或皇后西街（West Queen St. West，见58页）、靠近伦萨斯华里斯街区（Roncesvalles）的Morrow大道（Morrow Avenue）聚集着众多的画廊，出售当地和国际艺术家的作品。其中一些公共画廊和联合画廊免费参观（见34~35页）。室外的公共艺术品也值得一看（见37页）。

5 免费游览（Free Tours）

"多伦多传统"（Heritage Toronto）机构在夏季组织免费的步行漫游之旅，让公众了解丰富的文化主题，如城市铁路的历史或供水体系。您需要提前预约或准时出席。☎416 338 0684·6月中旬至10月中旬·www.heritagetoronto.org

6 旅游套餐（Package Deal）

多伦多市为美国和加拿大的短期旅游者安排了全年的旅游套餐项目，目的是推广多伦多的酒店、餐厅和景点。一个旅游套餐通常包含酒店一夜住宿、三道菜的套餐、表演和早餐，每个月套餐的内容都有所不同。⊗www.torontotourism.com

7 北美旅游通票（City Pass）

这个通票可在网上订购，或是用加元在特色景点的售票亭购买：卡萨罗玛城堡（见18~19页）、加拿大国家电视塔（见12~13页）、省级美术馆（见16~17页）、安省皇家博物馆（见8~11页）、安省科学馆（见34页）和多伦多动物园（见91页）。通票的折扣很实惠，如果您参观所有的景点，就能打5折。从参观第一个景点开始，9天内通票有效。⊗www.citypass.com

8 便宜乘车（Transit Savings）

单人一日（Single Day Pass）通票除周六、周日外，可在地铁的所有站使用；集体通票（Group Pass），可以允许2人以上在周日和公共节日期间使用。两种都可以为您省下费用。此外，还有月票和商务通票。☎416 393 4636·www.ttc.ca

9 免票日（Free Admission Days）

一些旅游景点，如：安省美术馆、安省皇家博物馆每周提供一次免费的一日游或夜游。但要记住，虽然省钱，但参观的人会很多。

10 便宜酒店（Hotel Savings）

许多酒店对网上预订的客人实行折扣。如果直接订房或通过旅行社订房，请询问折扣情况。汽车俱乐部或美国退休人员协会（American Association of Retired Persons）的成员可以享受折扣。

湖滨区全年都举办免费音乐会、读书会和节日庆典等活动。详情请查询www.harbourfrontcentre.com

电话亭标志　　　　票务中心标志　　　　无障碍通道标志

实用信息

1 关于饮酒
安省法定的饮酒年龄是19岁。安省对在公共场合喝酒有严格的规定；在公共场合不允许拿着开瓶的酒。重大活动场合，需要用围栏圈出专门的区域进行酒类的买卖和饮用。

2 关于媒体
加拿大最大的两份报纸《环球邮报》（The Globe and Mail）、《多伦多星报》（Toronto Star）以及小型日报《多伦多太阳报》（Toronto Sun）都是在多伦多发行的。热门的广播电台包括：播送新闻的加拿大广播公司（CBC）一台（调频99.1）；CBC二台播放古典音乐（调频92.1）和爵士乐（调频91.1）；CHFI（调频98.1）播放轻松调频音乐；CHUM（调频104.5）和CILQ（调频107.5）播放摇滚乐。加拿大最热门的电视台是：加拿大国家电视台（CBC）、加拿大电视台（CTV）、环球电视台（GLOBAL）、BRAVO娱乐电视台、卡尔加里城市电视台（CityTV），以及安省的安省电视台（TVO）。

3 关于娱乐
多伦多的两份周报：《视点周报》（Eye）和《今日多伦多报》（Now）都可以在咖啡馆、酒吧、书店、图书馆及街头的广告箱里免费拿取。它们是了解本地音乐、艺术领域最新动态的最好途径。月刊《多伦多生活》（Toronto Life）也会有所帮助。您也可上网查阅，可查阅的网址有：www.eye.net；www.now.com；www.torontolife.com

4 关于货币
加拿大的货币单位是加元，1加元分为100加分。有1、5、10、25加分和1、2加元面值的硬币。纸币有5、10、20、50、100、500加元等面额。到达加拿大时，最好换50~100加元，以便付小费和转乘车辆使用。

5 关于税
加拿大的税不包括在商品价格中，因此在购物时要付8%的省政府税（PST）和7%的联邦税（GST）。离境时有些税是可以退的（见112页）。

6 有用的网站
关于多伦多市和安省的更多信息，请登录下列网站查询：www.toronto.ca，www.ontariotravel.net和www.ontournet.com

7 关于打电话
打公共电话经常是硬币和电话卡并用的。本地通话要付50分；电话查询服务（411）免费。邮局、大部分便利店和有贝尔电话公司（Bell）标志的售货机都卖电话卡。打多伦多的电话，您必须在本地号码之前加拨地区代码：416；而拨大多伦多地区则要先拨905；打北美的长途电话，要加拨1，然后拨城市代码；打国际长途，先拨011，再拨国家代码、城市代码（去掉0）。

8 公共节日
新年（1月1日）、耶稣受难日和复活节（5月或4月）、维多利亚日（5月的第三个周一）、加拿大国庆节（7月1日）、公民日（8月的第一个周一）、劳动日（9月的第一个周一）、感恩节（10月的第二个周一）、圣诞节（12月25日）、节礼日（12月26日）、先烈纪念日（11月11日）。

9 残疾游客须知
多数老建筑中的公共厕所都设在楼梯的上下侧，不太方便；大型娱乐场所也是这样。多伦多的电车没有无障碍通道，但很多巴士都有轮椅升降装置。有10个地铁站内设有电梯。您可以提前预订免费的轮椅运送服务（见108页）。

10 领事馆信息
在紧急情况下，您的领事馆会提供帮助。

欲了解残疾人运送服务方面的信息，请登录www.city.toronto.on.ca/ttc/accessible.htm 查询

医院标志

警车

禁止吸烟标志

TOP 10 安全与健康

1 防贼措施
扒手是目前所有大城市，特别是拥挤的公共场所都存在的问题。请留意您的周围，特别是当有人撞到您的身体时，千万不要分神。身上不要携带过多的现金，也不要把钱包放到双肩背包中。如果携带手提包，一定要锁好拉链。在机场、汽车、火车站或酒店前台登记时，要仔细看好您的行李。

2 房间安全
入住酒店房间后，您可以要门背后拿一份地图，了解火灾时的逃生路线。当您在房间里不希望别人打扰时，要插上安全门插销。

3 食物安全
多伦多所有供应食物的机构，包括酒吧、熟食店，都要定期接受城市健康部门的检查。店内窗前悬挂的绿色、黄色和红色卡片反映了安全、清洁程度的打分。绿色代表完全通过，红色则表示未通过检查。

4 热线服务电话
遇到紧急事件，您可以打各种热线服务电话求助。⊙紧急呼叫：911；多伦多警察局电话：416 808 2222；儿童救助电话：1800 668 6868；妇女救助热线电话：416 863 0511；多伦多精神援助中心电话：416 408 4357；中毒控制中心电话：416 813 5900；安省健康热线：1 866 797 0000

5 公共交通
下车时，要记住看右侧是否有车辆通过。地铁站台上有指定的等候区域。在多伦多交通局的巴士上，女士可以要求在两站之间停车下车，但要提前一站告诉司机，并从前门下车，后门将一直关闭。

6 熟悉环境
晚上独自一人外出时，避免在黑暗处活动。随身携带一张好用的地图，在出发前研究好路线。如果您计划晚些回来，最好带上足够的零钱或现金来打车。

7 医院急诊
医院的急诊室一天24小时营业。⊙圣迈克医院（St. Michael's）地址：邦德街30号·地图L3·416 360 4000；多伦多综合医院（Toronto General）地址：伊丽莎白街200号·地图K2·416 340 3946；西奈山医院（Mt Sinai）地址：大学路600号·地图K2·416 586 5054；儿童医院（Hospital for Sick Children）地址：大学路555号·地图K2·416 813 1500；多伦多东部综合医院（Toronto East General）地址：葛士维大街（Coxwell St）825号·地图B2·416 461 8272

8 牙医急诊
当您在非营业时间需要看牙科急诊时，牙科学会（Academy of Dentistry）会帮您联系，预约一个附近的牙医。午夜之后，就要去医院的急诊室了。⊙牙科学会：416 967 5649

9 吸烟须知
多伦多可以说是个无烟的城市，只有在一些酒吧或工作场所指定的吸烟室内才可以吸烟。所有的公共场合禁止吸烟。

10 药房信息
多伦多有好几百个药店，大多数的营业时间是早上九点到晚上九、十点，有些关门更晚。有5个日用品超市（Shoppers Drug Mart）里的药房24小时营业。卑街（Bay St）的那家药店离市中心最近。⊙日用品超市地址：卑街700号·地图K2·416 979 2424或1 800 746 7737

旅游前请咨询您的手机厂家，以确定您的手机能否在加拿大使用

布鲁西街的柱廊购物广场

金斯顿市场的旧式服装店

TOP 10 购物一点通

1 营业时间
大部分商店的营业时间是周一到周六10am-6pm（周四的关门时间经常会晚些）。百货商店、购物中心或商业区的店铺营业时间较长：周一到周六10am-9pm，周日从中午至5pm。商店统一的休息日是：圣诞节、新年、劳动节和感恩节。

2 付款方式
万事达卡（MasterCard）、美国运通卡（American Express）和维萨卡（Visa）是使用最广的；大来卡（Diner's Club）和发现卡（Discoverty）次之。银行借记卡可以在Interac系统、Plus系统及Cirrus系统中使用，但需要密码。

3 打折与退货
季后打折品可以让您省上一大笔钱，特别是节礼日（12月26日）的采购。那时许多商店的商品价格大幅度降低。但打折商品常常不能退货（有时全价商品也是如此），在规定的时间内只能换货。请在购物前询问退货政策。

4 百货商店
在多伦多的两家百货连锁店Bay和Sears中，您几乎能买到所有的东西。规模较小的霍尔特购物中心（Holt Renfrew）销售高档时装和装饰品。◎Sears地址：登打士西街（Dundas St W）1号，伊顿中心内·地图L3

5 购物中心
市中心最大的购物中心就是伊顿购物中心（见24~25页）。◎其他的购物中心还有：皇后码头大厦（见63页）、海泽顿商场（见77页）、宏利大厦（见77页）、大学城（College Park）以及地下通道系统（PATH System）中也有购物网络。

6 音乐
音乐界巨头HMV音像连锁店的商品种类齐全。如果喜欢当地的音乐风格和便宜的价格，您可以到山姆唱片店（Sam the Record Man）去看看。古典音乐和爵士乐爱好者在音乐商店L'Atelier Grigorian会有所收获。黑胶唱片迷可以到Kops Records探寻一番。◎音乐商店L'Atelier Grigorian地址：约克维尔街70号·地图C3；HMV音像店地址：央街333号·地图L2；Kops Records地址：皇后西街229号·地图J4

7 图书
加拿大最大的连锁书店Chapters/Indigo和Bookcity都有许多店面，书的品种繁多。Nicolas Hoare书店经营建筑和艺术类书籍；Open Air Books & Maps经营地图和旅游用书；Pages Books & Magazines出售当代文学书籍；Bakka-Phoenix Books书店以科幻书籍而著称。◎Bakka-Phoenix Books地址：央街598号·地图L1·Bookcity地址：布鲁西街（Bloor St W）501号·地图B3·Chapters地址：布鲁西街110号·地图C3·Indigo地址：布鲁西街55号·地图D3·Nicolas Hoare地址：前东街45号·地图L5·Open Air Books & Maps地址：多伦多街25号·地图L4·Pages Books & Magazines地址：皇后西街256号·地图L2

8 酒类
酒类经销只限于安省酒类管制局（LCBO）的直销店（销售葡萄酒、白酒和啤酒）、啤酒店（享受啤酒和冷饮cooler）和Wine Rack（经营精选安大略葡萄酒）。◎www.lcbo.com，1 800 668 5226·www.thebeerstore.ca，Wine Rack：905 564 6900

9 便利店
多伦多的便利店无所不在，主要销售香烟、化妆及盥洗用品、冷饮、小吃、新鲜食品及彩票。许多便利店也出售公交车票。

10 退税
书籍和食品免收8%的各省政府税（PST），而其他商品都要征收15%的税（见110页）。国外游客花费200加元以上，可以在购物后60天内获得7%的联邦税（GST）退税（商品和服务税），但不包括餐饮、烟草和交通费用中的联邦税。请保存好您的发票。游客退税计划（Visitor Rebate Program）：1 800 668 4748

皇后码头大厦（见63页）和伊顿购物中心（见24~25页）在公共节日照常营业

热狗贩卖车　　　　　　　　　　皇家美丽殿爱德华国王酒店入口处

住宿与饮食一点通

1. 酒店税
在安大略省住酒店要缴纳5%的住宿税和7%的联邦税（GST）（商品和服务税），在多伦多还要另外为酒店房间缴纳3%的目的地税（Destination Tax）。如短期停留，您有权享受7%的联邦税退税。

2. 房间设施
通常酒店的房间设备齐全，大小适宜。多数有1张双人床或1张大号或特大号床，也有两张床的标准间。如果您对噪声很敏感，请选择远离电梯、自动售货机等机器的房间。如果您对烟敏感，请选择无烟房间。

3. 挂牌价格（Rack Rates）
酒店的实际价格根据酒店的种类、不同时段、不同季节有很大差异。最高价格是4月至12月的工作日的房间价位。挂牌价格是房间的基本价位，是本书中使用的指导性价位。实际上如果您在网上预订房间常常能拿到折扣价格。一些俱乐部的成员，如：汽车协会或老年游学团（Elderhostel），可以享受折扣价。订房的时候，请询问当前有没有实行特殊折扣价，入住的时候请携带您的会员证明（见109页）。

4. "金钥匙服务"（Concierges）
中型或大型酒店都提供"金钥匙服务"（Concierges），这些职员的工作就是满足客人的要求和各种想法。他们负责搞到演出和体育比赛的票或是预订餐馆、安排交通并提供有用的信息。

5. 额外费用（Extra Cost）
在市中心酒店停车需要额外付款，以每夜计算。从房间中打电话很贵，消费房间迷你吧中的小吃和饮品也是如此。但这些费用计算起来很快，最终要加到您的房费中。

6. 订餐
大部分的餐馆接受预订。您最好在旅游之前就预订热门餐馆的座位。如果您对饮食有特殊要求，需说明。如果您的计划有变，请致电取消订餐。

7. 付小费
小费和服务费通常不计入账单中。餐馆、咖啡厅或俱乐部的小费大约是税前餐费的15%。用含税的账单计算小费更为方便。在酒吧，给服务员付1加元至2加元的小费；给搬运工和酒店侍者的小费1件1加元；给衣帽间服务员的小费是1件1加元；清理房间的女服务员的小费最少一天1加元至2加元；酒店门卫的小费也是1加元至2加元。

8. 着装规定
餐馆几乎从不要求客人穿西装系领带，但有些客人在某些特殊场合或是到高级餐馆就餐时喜欢如此打扮。一些夜总会不允许穿球鞋或牛仔裤的客人进入。

9. 手机
在大部分餐馆中，开着手机或接听手机被认为是不礼貌的行为。

10. 就餐时间
早餐通常从6-10am在小餐厅或咖啡厅就餐；午餐从11:30am-2pm；晚餐在5-10pm之间。许多餐馆还提供夜宵。通常酒店还在工作日时供应早午餐（Brunches），个别酒店只在周末提供，时间是11am-2pm或者更晚。

欲想了解多伦多旅游者退税的详细信息，请登录www.ccradrc.gc.ca/visitors 查询

赛尔比酒店大堂

罗汉普顿酒店套房

住宿 TOP10

1 卡萨罗玛客栈（Casa Loma Inn）
这所建于1894年的私宅现在是一家旅馆。23个风格独特的房间都设有冰箱、微波炉、咖啡机。有些房间还有壁炉。但这家三层的旅馆没有电梯。◎沃尔默路（Walmer Rd）21号·地图C2·416 924 4540·$$

2 维多利亚酒店（Hotel Victoria）
距离金融区的联合车站（Union Station）很近，只有56个房间，但设施齐全，服务周到。周围还有许多名胜古迹。◎央街56号·地图L4·416 363 1666·www.hotelvictoria-toronto.com·$$$

3 麦迪逊庄园（Madison Manor）
这家酒店的许多小细节之处都富有特色，比如壁炉和飘窗。这栋可爱的维多利亚式建筑感觉像是英国乡村的小客栈。旁边的小酒吧更加容易令人产生这种错觉。◎麦迪逊大道（Madison Ave）20号·地图C3·416 922 5579·www.madisonavenuepub.com/madisonmanor·$$

4 国王西街1号套房酒店（The Suites at One King West）
这家酒店位于多伦多金融区一座1912年的建筑顶层，曾为说明银行（Dominion Bank）所使用。2005年酒店开业，拥有1个24小时营业的商务中心、小酒馆和私人俱乐部，景色怡人。◎国王西街1号·地图K4·416 548 8101·www.onekingwest.com·$$$

5 赛尔比酒店（Selby Hotel and Suites）
这座建于1880年的高雅的维多利亚建筑被誉为城市的地标，1915年开始用作酒店。20世纪20年代欧内斯特·海明威（Ernest Hemingway）在这里居住过。现在它是豪生酒店集团的一部分。房间的层顶很高，家具装饰也很舒适。◎雪相街（Sherbourne St）592号·地图D3·416 921 3142·www.hotelselby.com·$$

6 多伦多市中心西区经济型酒店（Travelodge Toronto Downtown West）
这家酒店位于国王街，巴瑟斯特街（Bathurst St）的西面，靠近高档餐厅和俱乐部。这座三层的汽车旅馆的院子里有免费停车位。房间标准化，但非常实施。提供早餐。◎国王西街621号·地图G4·416 504 7441·www.travelodgetorontodowntown.com·$$

7 斯特拉斯科娜酒店（The Strathcona Hotel）
客人们喜欢酒店现代、新潮的房间，特别是单人间，还有隔壁的健身房。酒店在加航中心（Air Canada Centre）的旁边，靠近一些大的景点。酒店内设有酒吧、餐厅。◎约克街（York St）60号·地图K4·416 363 3321·$$

8 罗汉普顿酒店（Roehampton Hotel and Suites）
西佳报（Best West）罗汉普顿饭店的屋顶泳池齐全的房间、套房使宾客感觉宾至如归。步行到艾格林顿大道（Eglinton Avenue）地铁站很近，附近还有不错的商店和餐馆。◎快乐山路（Mt Pleasant Rd）808号·地图B2·416 487 5101·www.bestwestern.com·$$

9 福朋喜来登酒店（Four Points Sheraton）
这个小旅馆毗邻安大略湖，离市中心有15分钟的车程，免费停车。房间宽敞、设施齐全。酒店里设有酒吧和餐厅。◎湖滨大道西（Lake Shore Blvd W）1926号·地图A2·416 766 4392·www.fourpointstoronto.com·$$$

10 瓦尔哈拉客栈（Valhalla Inn）
位于多伦多西部，无论是商务客人，还是带孩子的家庭，都能在这里得到悉心的照料。这里的一切都很舒适怡人。客栈里有一个室内泳池和两个餐馆。◎瓦尔哈拉客栈路1号（1 Valhalla Inn Rd）·地图A2·416 239 2391·www.valhalla-inn.com·$$$

所有酒店都接受信用卡并有单独的卫生间和空调

多伦多大饭店的泳池

消费档次表	
消费档次表每个档次包括一个标准间每晚的房费（含早餐、税及其他费用）。	$ 低于100加元 $$ 100～150加元 $$$ 150～200加元 $$$$ 200～300加元 $$$$$ 高于300加元

十佳中档酒店

1 国王街假日酒店（Holiday Inn on King）
无论您是出差还是休闲，这家市中心的酒店都是物有所值。酒店的屋顶有温泉按摩池，室内也有温泉设施，还设有餐厅、酒吧及面包房。◎国王街370号·地图J4·416 599 4000·www.hiok.com·$$$$

2 多伦多诺富特中心酒店（Novotel Toronto Center）
酒店位置极佳，离市中心的许多景点很近，是法国连锁酒店的杰出代表之一。宽敞的房间功能齐全，酒店大堂设计别致，还设有健身房和室内游泳馆。◎艾斯普拉奈得街（Esplanade St）45号·地图L5·416 367 8900·www.novotel.com·$$$$

3 多伦多机场双树国际酒店（Doubletree International Plaza Hotel Toronto Airport）
父母们参加会议时，孩子们可以在酒店里的水上乐园嬉戏或是有专人照看。这个酒店离皮尔森国际机场（Pearson Airport）很近，有433间设施齐全的客房，是很受欢迎的会务中心。众多的餐馆和酒吧使客人足不出店就能享受一切。◎迪克逊路（Dixon Rd）655号·地图A2·416 244 1711·www.doubletree.com·$$$

4 多伦多市区庭院酒店（Courtyard Toronto Downtown）
这个万豪集团的17层酒店内设有室内泳池、旋涡按摩浴池、健身房和桑拿室。房间里有许多科技设备提供便利：高速上网、数据端口电话等。商务之旅也会变得享受非凡。◎央街475号·地图L2·416 924 0611·www.marriott.com·$$$

5 多伦多大饭店（Grand Hotel and Suites Toronto）
这家精品酒店的房间和套房都很宽敞、装修豪华。有些房间还有单独的露台。宽大的泳池、带有两个旋涡按摩浴池的巨大的楼顶庭院、绝佳的城市风景都是它的特色。酒店还设有温泉、健身房、商务中心和会议室。◎贾维斯街（Jarvis St）225号·地图M3，416 863 9000·www.grandhoteltoronto.com·$$$$

6 湖滨区雷迪森广场酒店旗舰店（Radisson Plaza Hotel Admiral Toronto Harbourfront）
这家酒店的房间宽敞明亮，与安大略湖和湖滨区的景点相隔咫尺，商务之旅和家庭休闲皆宜。酒店有一个不错的餐厅、屋顶泳池和眺望湖景的露台。◎皇后码头西街294号·地图J6·416 203 3333·www.radisson.com·$$$$

7 喜来登瀑景酒店（Sheraton Fallsview）
这座舒适的高层酒店的房间面向东，是观看尼亚加拉瀑布的绝佳地点。酒店员工知识丰富，对游客帮助很大，房间宽敞、设施齐全。◎尼亚加拉瀑景大道6755号·地图Q3·1 800 618 9059·www.fallsview.com·$$$

8 市中心豪生酒店（Howard Johnson Hotel-Downtown）
这家约克维尔的酒店只有69个房间，但位置优越，物超所值。酒店毗邻热门景点和购物中心，房间宽敞。◎大道路（Avenue Rd）89号·地图C3·416 964 1220·www.hojo.com·$$$

9 老磨房客栈（The Old Mill Inn）
这家精品小客栈位于汉博河（Humber River）岸，开车到城西只需15分钟。47间客房全都俯视着河流，13间套房都建在老磨房建筑内，房间装修豪华。客栈有家很好的餐馆、温泉和康健中心。老磨房路（Old Mill Rd）21号·地图A2·416 236 2641·www.oldmilltoronto.com·$$$$

10 剑桥套房酒店（Cambridge Suites）
这家只有2室套房的酒店可以为您提供优质的服务。房间中的工作区设备完善、配置齐全，包括传真机。每间套房里都有微波炉、冰箱和咖啡机。◎理查蒙德东街（Richmond St E）·地图L4·4163681990·www.cambridgesuitestoronto.com·$$$

欲了解多伦多周边的住宿信息，请见102页

皇家约克酒店　　　　　德国酒店

十佳豪华酒店

1 梭霍大都市酒店（Soho Metropolitan）

喜欢奢华的客人崇尚这座位于娱乐区的精品酒店。羽绒被、步入式衣橱、豪华浴池、地热大理石地板，附加许多高科技的玩意儿都只是这个酒店的标准设置。感觉（Senses）餐厅是家顶级餐馆，位于酒店一层（见52页）。威灵顿西街（Wellington St W）318号·地图J4·416 599 8800·www.metropolitan.com/soho·$$$$$

2 皇家美丽殿爱德华国王酒店（Le Royal Meridien King Edward）

1903年开业的这家豪华酒店是世界顶尖的酒店之一。酒店的房间装修优雅、服务礼貌周全。酒店里设有温泉和所有便利设施，可以满足顾客的各种需求。国王东街37号·地图L4·416 863 9700·www.lemeridien.com/kingedward·$$$$$

3 四季酒店（Four Seasons）

这家酒店位于约克维尔最好的地段，可以为顾客提供各种便利，是许多名人喜欢光顾的地方。松露餐厅（Truffles）和别致大道（Chic Avenue）酒吧给这个酒店平添了更多雅致。大道路（Avenue Rd）21号·地图C3·416 964 0411·www.fourseasons.com/toronto·$$$$$

4 萨顿宫酒店（Sutton Place Hotel）

这座现代化的33层酒店拥有上等的客房、套房及公寓。精美的古董和艺术品装点着房间。"重音"（Accents）餐馆供应大陆菜肴。卑街955号·地图K1·416 924 9221·www.suttonplace.com·$$$$

5 多伦多凯悦酒店（Park Hyatt Toronto）

豪华宽敞的房间、大理石浴室、免费高速上网、周到的服务、约克维尔中心位置都是这个上等酒店吸引人之处。屋顶酒吧（见56页）可以观赏城市的惊人美景。新潮的静水（Stillwater）温泉是城里最好的。大道路4号·地图C3·416 925 1234·http://parktoronto.hyatt.com·$$$$

6 费尔蒙皇家约克酒店（Fairmont Royal York）

这家联合车站对面的大酒店从1929年起就成为多伦多的地标性建筑。富丽堂皇的大堂成了许多在此下榻的国家元首合适的背景。酒店设有餐馆和酒吧，包括温馨的书吧（见67页），还有很好的温泉设施。前西街100号·地图K5·416 368 2511·www.fairmont.com·$$$$$

7 德国酒店（Hotel Le Germain）

这个精品酒店现代、质朴的装饰风格给它带来了一种极致的优雅。它力图将休闲与豪华有机地结合起来。它的确做到了。绸缎商街（Mercer St）30号·地图4·416 345 9500·www.germaintoronto.com·$$$$$

8 温莎酒店（Windsor Arms）

这家只有28间客房的风格优雅的酒店以个人化服务而突出。酒店位于一座14层建筑的1～4层。客人们非常喜欢两层的水疗中心和庭院咖啡屋（Courtyard Café）（见54页）。酒店还设有鱼子酱香槟吧。托马斯街18号·地图C3·416 971 9666·www.windsorarmshotel.com·$$$$$

9 德雷克酒店（The Drake Hotel）

多伦多总体是个无烟的城市，只有在一些酒吧或工作场所指定的吸烟室内才可以吸烟。所有的公共场合禁止吸烟。

10 潘塔格斯套房酒店（Pantages Suites）

这家豪华的现代化公寓式酒店有其独特之处，比如所有的房间都备有洗衣机和烘干机。45层的酒店窗外景色非凡。维多利亚街（Victoria St）200号·地图L4·416 362 1777·www.pantageshotel.com·$$$$

所有酒店都接受信用卡并有单独的卫生间和空调

希尔顿酒店大堂

价目表
标准间每晚费用（含早餐、税和其他费用）。

$ 低于100加元
$$ 100–150加元
$$$ 150–200加元
$$$$ 200–300加元
$$$$$ 高于300加元

十佳商务酒店

1 多伦多希尔顿酒店（Hilton Toronto）

位于金融区中心的这家酒店适合商务人士入住。标准间宽敞而现代化，套间适合长期停留，行政房内还备有特殊的工作椅。⊙理查豪德西街（Richmond St W）145号·地图K4·416 869 3456·www.hilton.com·$$$$

2 威斯汀海港城堡酒店（Westin Harbour Castle）

位于安大略湖畔渡轮码头边的这家高层酒店离市中心很近，风景极佳，房间宽敞。泳池、健身房、室外网球场、会议室和完善的服务，使人感觉这里是都市中的度假村。⊙海港广场（Harbour Sq）1号·地图K6·4168691600·www.westin.com/harbourcastle·$$$$$

3 多伦多机场万豪酒店（Toronto Marriott Airport）

从这家万豪集团的酒店去皮尔森机场很方便。405间客房的设计针对商务旅行者。所有的电话都带有数据端口，房间内有高速网线。酒店内有大量会议室。室内泳池和健身房有助于排解压力。⊙迪克逊路（Dixon Rd）901号·地图A2·416 674 9400·www.marriott.com·$$$$$

4 喜来登中心酒店（Sheraton Centre）

这家酒店离市政大厅很近，常年忙于接待会议者和旅游团。1377个房间足以使酒店顺利地运转，使顾客满意而归。⊙皇后西街123号·地图K4·416 361 1000·www.sheratontoronto.com·$$$$$

5 多伦多中心洲际酒店（Inter Continental Toronto Centre）

与会议中心（Convention Centre）相连的这家翻新的酒店提供周到的服务和便捷的商务设施。酒店的8层是优悦会（Priority Club）俱乐部的商务楼专用层。⊙前西街225号·地图J5·416 597 1400·www.ichotelsgroup.com·$$$$

6 德尔塔切尔西酒店（Delta Chelsea）

这家酒店是加拿大最大的酒店，有1590间客房，商务旅行和家庭休闲皆宜。酒店内有一个室内水滑梯和托儿中心及其他儿童游乐设施。⊙杰拉德西街33号·地图L2·416 595 1975·www.deltahotels.com·$$$

7 威斯汀多伦多机场布里斯托尔酒店（Westin Bristol Place Toronto Airport）

从皮尔森机场到酒店只需5分钟的路程。酒店大堂中的小瀑布总会使新入住的旅客眼前一亮。客人们喜欢这里现代化的宽敞房间、个性化的服务、健身房、室内泳池和其他的便利设施。⊙迪克逊路950号·地图A2·416 675 9444·www.wyndham.com·$$$

8 多伦多大都市酒店（Metropolitan Hotel Toronto）

优雅的当代装饰和羽被等奢华的用品使客人宾至如归。在两个一流餐厅——半球餐厅（Hemispheres）和丽华轩餐厅（Lai Wah Heen）用餐，会使您的住宿更加愉快。⊙栗子街（Chestnut St）108号·地图K3·416 977 5000·www.metropolitan.com·$$$$$

9 多伦多伊顿购物中心万豪酒店（Toronto Marriott Downtown Eaton Centre）

这座18层的酒店位于伊顿购物中心（见24~25页）旁边，商务中心很完备，备有秘书服务，还有专用的商务客房和18个会议室。⊙卑街525号·地图K3·416 597 9200·www.marriott.com·$$$$

10 多伦多威斯汀王子酒店（Westin Prince Toronto）

这家酒店位于市区东北部的一个公园内，是一片舒适休闲的绿洲。酒店内设酒吧、餐厅——包括桂日本餐厅（Katsura）（见95页）。漂亮的房间和商务中心都是酒店吸引客人之处。⊙约妙斯街（York Mills Rd）900号·地图B1·416 444 2511·www.westin.com/prince·$$$$$

红门酒店

多伦多平联排别墅酒店

十佳床位加早餐（B&B）酒店

1 多伦多联排别墅酒店（Toronto Townhouse）
这家位于椰菜镇有着140年历史的酒店重新装修后焕然一新。周围有大型购物中心河谷农场。毗邻央街地铁。查尔顿（Chtarlton）213号·地图E3·877 500 0466·torontotownhouse.com·$$$$

2 心灵驿站酒店（Accommodating the Soul）
这家建于1911年的带有一座雅致的英式花园的酒店距离湖滨女桥湾（Ashbridge Bay）只有几步之遥。有三间客房对外出租，屋内装修有古董饰品。酒店供应热早餐，房客可以选择在餐厅或花园用餐。韦弗利路（Vaerlez Rd）114号·地图B2·416 686 0619·$$

3 阿尔伯特客栈（Albert's Inn）
这是一座维多利亚式酒店，店内所有一切包括古董和其他小饰品都来自英国。入住该酒店会为您的椰菜镇（Cabbage Town）之旅带来异域风情，使您终生难忘。老板阿尔弗莱德·皮姆布赖特（Alfred Pimmblett）是一位极具幽默感的英国绅士。杰拉德东街（Gerrard St E）242号·地图E4·416 921 6898·www.pimblett.ca·$$

4 湖心岛酒店（Toronto Island）
这家酒店位于多伦多湾沃兹岛（Ward's Island）上。该酒店是岛上最古老的建筑（建于1882年）。尽管搭乘渡轮10分钟左右就可以抵达市中心，但是给人的感觉是距离喧嚣的外界有千里之遥。酒店全年对外开放。酒店的两间客房公用一间厨房。房客可以免费使用自行车。如有需求，在淡季客房可以提供晚餐。冬季可以滑雪。沃兹岛湖滨道（Lakeshore Ave）8号·地图E6·416 203 0935·$

5 安斯利酒店（Ainsley House）
这家酒店位于玫瑰谷贵族区，距离购物中心和市内知名的景点只有几分钟的路程。酒店有3间客房。伊尔姆大道（Elm Ave）19号·地图D3·1 888 423 3337·www.ainsleyhouse.com·$

6 桑树酒店（The Mulberry Tree）
这是一栋1901年的建筑，位于市中心。酒店装有橡木地板，屋顶高挑，细节优美显高雅。酒店有一个前厅，面积不大，但布置得很别致。主人热情好客。饼干桶里总是装满饼干，供客人随意食用。如果客人有所需要，酒店还可以提供办公设备。伊莎贝尔街（Isabella St）122号·地图D3·416 960 5249·$$

7 小巴黎酒店（Au Petit Paris）
这家酒店位于市中心以南，步行15分钟即可到达布鲁街（Bloor St）和约克维尔街（Yorkville St）的购物中心。酒店具有法国风情。四间客房分别带有私人浴室。墙壁涂成赭色和红色。房客可以选择在餐厅或小院里食用早餐。塞尔比街（Selby St）3号·地图D3·416 928 1348·$$

8 红门酒店（The Red Door）
红门酒店位于美丽的海柏公园（High Park）和伦萨华里斯（Roncesvalles）街区附近。这座精美的建筑坐落在一条静谧的街道上。有三间宽敞的房屋，采光良好，分别带有私人浴室。早餐可口。停车位远离街道。印第安路（Indian Rd）301号·地图A2·416 604 0544·$$$

9 法式连接酒店（The French Connection）
从这家时尚酒店步行即到卡萨罗玛城堡。酒店附近还有几家口碑不错的餐馆。店内有六间客房（其中三间带独立浴室）。客厅别致，配有钢琴。酒店还有一处可爱的花园。伯恩赛德路（Burnside Dr）102号·416 537 7741·$$$

10 麦吉尔酒店（House on McGill）
酒店内有六间装修舒适的客房，部分客房浴室公用。合理的价格使得这座维多利亚式联排别墅成为了一些经济型游客的首选。酒店位于市中心，步行10分钟即可到达伊藤购物中心。麦吉尔街（McGill St）110号·地图L2·416 351 1503·$$

欲了解更多B&B酒店的情况，请登录www.bbtoronto.com（多伦多）；www.fobba.com（安省）

地球村背包客酒店

价目表
房间每晚费用（含早餐、税和其他费用）

$ 低于100加元
$$ 100–150加元
$$$ 150–200加元
$$$$ 200–300加元
$$$$$ 高于300加元

十佳经济酒店

1 安尼科斯快斯特酒店（Annex Quest House）

位于卡萨罗玛城堡附近的安尼科斯快斯特酒店是一个安静舒适的休憩之地。客房特色：深色松木家具、朴素室内装潢、色彩明亮。⊙士巴丹拿（Spadina）路83号·地图C2·416 922 1934·www.annexquesthouse.com·$

2 机场东高级酒店和套房（Quality Hotel & Suites Airport East）

位于城市西部的皮尔逊机场附近，面积很大，拥有舒适的标准间和套间。此外，该酒店可以免费停车，凌晨3点至晚上11点有机场巴士服务。⊙伊士灵顿（Islington）路2180号·地图A2·416 240 9090·$

3 维多利亚大学酒店（Victoria University）

位于多伦多大学校园内的维多利亚大学为一些囊中羞涩的游客大开方便之门。这里的游客主要集中在暑假、5月中旬以及8月底。该酒店环境幽雅，并且位于市中心，非常便于游客游览。⊙皇后公园新月东路（Queen's Park Crescent E）73号·地图K1·416 585 4524·www.vicu.utotonto.ca·$

4 尼尔维克大学酒店（Neill-Wzcik College Hotel）

5月初至8月下，学生宿舍会临时充当酒店。由于房间设施简单，且卫生间是公用的，因此价格相对低廉，非常适合囊中羞涩的游客。酒店欢迎旅游团入住。由于位于市中心，市内的主要景点步行即达。⊙芝兰东街（Gerrard St E）96号·地图M2·416 977 2320·www.neill-wzcik.com·$

5 维多利亚大厦酒店（Victoria's Mansion Inn and Guest House）

位于多伦多同性恋村的中心地带，酒店两侧街道玉玲珑甚致。整个建筑看上去玲珑别致。一座维多利亚式的花园更是为酒店增添了无限情趣。该酒店无疑是远离城市喧嚣的幽静之地。所有的客房都带有独立的卫生间，套间还配有冰箱和微波炉。停车免费。⊙告罗士大街（Gloucester St）68号·地图L1·416 921 4625·www.victoriasmansion.com·$

6 城堡门酒店（Castlegate Inn）

这座小酒店位于卡萨罗玛城堡附近，由三座维多利亚式房屋连接到一起构成。客房带独立卫生间，配有冰箱和微波炉，房价合理。⊙士巴丹拿路219号·地图C2·416 323 1657·www.castlegateinn.com·$

7 格兰吉酒店（The Grange Hotel and Apartments）

这座六层的建筑位于市井风情十足的金斯顿市场旁边。每间客房都配有独立的厨房和卫生间，要求客人的入住时间不少于三个晚上。⊙格兰吉大道（Grange Ave）156号·地图H3·416 603 770·$

8 地球村背包客酒店（Global Village Backpackers）

这家青年酒店位于唐人街南側，内有酒吧，外有庭院。酒店既有多人间（以床位计价），又有四人间和单间，卫生间公用。⊙国王西街460号·地图H4·416 703·8540·www.globalbackpackers.com·$

9 多伦多国际旅社（Hostelling International Toronto）

尽管这家旅社也有一些带有独立卫生间的单间，但主要提供一些宿舍式公用客房。旅社位于同性恋村以南，客房价格堪称全城最低。⊙教堂街76号·地图L4·416 971 4440·www.hostellingtoronto.com·$

10 尼亚加拉瀑布国际旅社（Hostelling International Niagara Falls）

从旅社可步行到尼亚加拉大瀑布。客房没有独立的卫生间。除了宿舍式公用客房、四人间外，这家旅社还有一些带独立卫生间的单间。⊙卡特莱特大道（Cataract Ave）4549号·地图尼亚加拉瀑布·地图Q3·905 357 0770·www.hostellingniagara.com·$

经济酒店的客房不一定配有私人卫生间、空调和电视

致谢

作者

罗琳·约翰逊生活在多伦多。出版过若干著作,并与多米·戈德斯利公司合著了《芝加哥指南》。她定期为杂志写稿,内容涉及园林和环境问题。

芭芭拉·霍普金森生活在多伦多。既是一位作家也是一名编辑。她指导过大量的国际出版项目。

执行编辑: Barbara Hopkinson
美术编辑: James David Ellis
高级编辑: Judy Phillips
高级DTP设计: Dietmar Kokemohr
照片所有人: Sheila Hall
校对: Ken Ramstead
索引制作: Barbara Sale Schon
摄影: Cylla von Tiedemann

SPECIAL THANKS: Raj Rama, Ontario Tourism Marketing Partnership; Lou Seiler, Casa Loma; Michael Snow; Renée Tratch, Royal Ontario Museum

AT DORLING KINDERSLEY
高级美术编辑: Marisa Renzullo
高级编辑: Kathryn Lane
印刷经理: Kate Poole
出版经理: Douglas Amrine
高级绘图编辑: Casper Morris
高级DTP设计: Jason Little
出品人: Rita Sinha
地图: Simonetta Giori, Dominic Beddow (Draughtsman Ltd)
地图绘制: Rhiannon Furbear, Ellen Root, Romaine Werblow
编辑和设计助理: Mark Bailey, Lydia Baillie, Sonal Bhatt, Ilona Biro, Mariana Evmolpidou, Maite Lantaron, Marianne Petrou, Mani Ramaswamy, Quadrum Solutions.

鸣谢:

t–top; tl–top left; tlc–top left centre; tc–top centre; tr–top right; cla–centre left above; ca–centre above; cra–centre right above; cl–centre left; c–centre; cr–centre right; clb–centre left below; cb–centre below; crb–centre right below; bl–bottom left, b–bottom; bc–bottom centre; bcl–bottom centre left; br–bottom right; d–detail.

Every effort has been made to trace the copyright holders, and we apologize for any unintentional omissions. We would be pleased to insert the appropriate acknowledgments in any subsequent edition of this publication.

The publishers would like to thank the following individuals, companies, and picture libraries for their kind permission to reproduce their photographs:

ART GALLERY OF ONTARIO: Albrecht Dürer, German 1471 1528, Adam and Eve, 1504, engraving on laid paper 24.7 x 19.1 cm 17bc; Claude Monet, French 1840 1926, Vétheuil en été, 1879, oil on canvas 67.7 x 90.5 cm 17tl; The work illustrated on page 16bc is reproduced by permission of the Henry Moore Foundation; Claes Oldenburg, American b.1929, Floor Burger, 1962, canvas filled with foam rubber and cardboard boxes painted with acrylic paint 132.1 x 213.4 cm, purchased 1967 72cra; Michael Snow, Canadian b.1929, Venus Simultaneous, 1962, oil on canvas and wood 299.7 x 200.7 cm 6bl, 17cra; Tom Thomson, Canadian 1877 1917, The West Wind, 1917, oil on canvas 120.7 x 137.9 cm, Gift of the Canadian Club of Toronto, 1926 16/17c

BATA SHOE MUSEUM: Hal Roth 74c
BUDDIES IN BAD TIMES THEATRE: 50c

CADILLAC FAIRVIEW: 24 5c
CANADIAN AMERICAN TRANSPORTATION SYSTEM: 107tr
CANADIAN NATIONAL EXHIBITION: 3br, 46tl
CARIBANA: Len Chan 46ca
CASA LOMA: 6br, 18 19c

CITY OF TORONTO: 42tl
COLBORNE LANE: 52tl

GREATER TORONTO AIRPORT
AUTHORITY: I Dreamed I Could Fly,
2003, by Jonathan Barofsky 107tl

HOCKEY HALL OF FAME: Our Game,
1993, by Edie Parker 27tl

MCMICHAEL CANADIAN ART
COLLECTION: A. J. Casson
(1898—1992), White Pine, c.1957, oil
on canvas 76.0 x 101.3 cm, Gift of the
Founders, Robert and Signe McMichael
91tl
METRO TORONTO CONVENTION
CENTRE: Woodpecker Column, 1997,
by FASTW RMS 37tr, 37cr, 37br

NIAGARA FALLS PUBLIC LIBRARY:
31cr NIAGARA FALLS TOURISM: 28,
30tl, 30tr, 100tl

ONTARIO HERITAGE FOUNDATION:
45tl, 68tr
ONTARIO PLACE: 22cla, 22bc, 22 3c,
23tl, 23c, 23bl
ONTARIO SCIENCE CENTRE: 48tr,
91br ONTARIO TOURISM MARKETING
PARTNERSHIP: 14 15c, 32 3, 36br,
43tl, 47tl, 96tr, 97b, 99cla, 106tr
   2004 Ontario Tourism

PARAMOUNT CANADA'S
WONDERLAND: 49tl, 90tr

THE RIVOLI: 57br, 57cr, 57tr;
ROYAL AGRICULTURAL WINTER FAIR:
46tr, 46br
ROYAL ONTARIO MUSEUM: 8cla,
8 9c, 9cra, 9bl, 10tl, 11c, 48tl

SKYDOME: The Audience, by Michael
Snow 62cr

THIS IS LONDON: 80tr
TORONTO EATON CENTRE:
Flight Stop, by Michael Snow 24 5c
TORONTO SYMPHONY
ORCHESTRA: 45tr
TORONTO TOWN HOUSE: 118tr

VINELAND ESTATES WINERY: 100tr
VINTAGE INNS: 102tl

WINDSOR ARMS HOTEL: 54bl

All other images are © Dorling
Kindersley. For further information
see www.dkimages.com

特别版DK旅游指南丛书系列

您若购入大量DK旅游指南丛书，可享受折扣价格。我们同时也可提供特殊版本和个性化书套，竭诚与其他出版者合作，允许选购系列中的丛书，为您量身打造以满足您的特殊需要。

欲知详情，请联系：

（美国）SpecialSales@dk.com
（英国）Sarah.Burgess@dk.com
（加拿大）DK特殊销售在general@tourmaline.ca
（澳大利亚）business.development@pearson.com.au